AF236288

Das wird gegessen!

Der Autor

Ulrich Hollwitz (Jg. 1960) ist stets ein stiller Beobachter, sei es als Fotograf oder als Journalist. Seine Heimat im westlichsten Zipfel des Rheinlandes hat er dabei immer in den verschiedensten Facetten interpretiert. Vor allem die Kleinigkeiten und Banalitäten, die sonst wenig Beachtung finden, faszinieren ihn. In seinem 2011 erschienenen Bildband war es noch die profane Interpretation seiner heimatlichen Umgebung in Wort und Bild.

Doch ebenso mit einem guten Erinnerungsvermögen ausgestattet, lässt er nun in vergnüglicher Weise vergangene Zeiten aufleben. Mit dem Blick für das Detail und einer Prise Humor erinnert er an die Welt seiner Kindheit und Jugend in den 60er Jahren. Als Genussmensch, Hobbybäcker und als jemand, der den alltäglichen Lebensmitteln gerne journalistisch nachspürt, befasst er sich im Buch »Das wird gegessen!« mit den kulinarischen Abenteuern und Alltäglichkeiten aus Kindheitstagen.

ULRICH HOLLWITZ

Das wird gegessen!

Oder:

Warum es sich nicht lohnen würde, Eintopf mit Rippchen nach Afrika zu schicken …

Genussgeschichten von früher

Bibliografische Information der Deutschen Nationalbibliothek:
Die Deutsche Nationalbibliothek verzeichnet diese Publikation in
der Deutschen Nationalbibliografie; detaillierte bibliografische Daten
sind im Internet über dnb.dnb.de abrufbar.

© 2022 Ulrich Hollwitz
iStock.com/ Edgar G. Biehle/ shutterstock.com/ Katsiaryna
Pleshakova/ Frame Art
Satz, Umschlaggestaltung, Herstellung und Verlag:
BoD – Books on Demand, Norderstedt

ISBN 978-3-7557-1042-4

*Allen gewidmet, die mich bei diesem Buchprojekt
unterstützt haben*

Inhalt

Prolog

Das wird gegessen!

Es ist erstaunlich, wie gut der Mensch Geschmacksempfindungen abspeichert und mit Erinnerungen verknüpft. Oft genügen ein Stichwort oder ein kurzer Reiz, schon liegt uns ein ganz bestimmter Geschmack auf der Zunge. Und manchmal hängt an einer kleinen Erinnerung eine ganze Geschichte.

Solche Geschichten finden sich in diesem Episodenband. Sie möchten dazu animieren, die eigene Genussgeschichte zu durchforsten.

Mehr Bewusstsein für die alltäglichen Lebensmittel kann niemandem schaden. Denn Lebensmittel sind, wie das Wort deutlich verrät, Mittel zum Leben. Dieses Buch möchte auch das Wohlgefühl wiedererwecken, das mit einem guten Geschmack verbunden ist.

Das Manuskript entstand zu einer Zeit, als der Wohlfühlhorizont eines jeden Einzelnen durch den dunklen Nebel der Pandemie, des Krieges und der Zukunftsangst mehr oder weniger getrübt wurde. Sorgen und schwere Gedanken gingen mit der bedrohlichen Lage einher. Wie gut tun da Erinnerungen an andere Zeiten.

Den älteren Lesern wird dieses Buch eine schöne Erinnerungswelt eröffnen. Es erlaubt aber auch Vergleiche zur Welt von heute. Was hat sich verändert? Verschlechtert? Verbessert? Dieses Buch ist weit davon entfernt, zu behaupten, früher sei alles besser gewesen. Es möchte nicht verklären. Es soll animieren und inspirieren. Es möchte die Geschmackserinnerungen des Lesers »wachküssen«.

Den jüngeren Lesern wird es eine unbekannte Welt eröffnen, besonders wenn sie sich öfters die Frage stellen: Wie konnten die Eltern, die Großeltern, die Onkel, die Tanten ohne Smartphone und Internet überhaupt überleben? In diesem Buch kann die jüngere Generation nachforschen. Und vielleicht gibt es sogar Geschmackserlebnisse, um die man die Älteren beneiden müsste?

»Das wird gegessen!« möchte nicht den moralisierenden Zeigefinger heben, der heute allzu oft benutzt wird. In den 1960er und 70er Jahren gab es eine Welt voller leckerer Lebensmittel, die zum Teil auch ungesund waren, doch damals waren die Moralapostel noch auf anderen Gebieten unterwegs. Kulinarischer Genuss war etwas Unbeschwertes.

Wer sich auf dieses Buch einlässt, wird wahrscheinlich viele »Ach-ja-so-war-das«-Erlebnisse haben. Es bietet ein großes Büffet an Genussgeschichten: von der Eloge an die feine Leberwurst bis zum Lobgesang auf den Milchmann, von den Freuden des Automatenglücks bis zu den Anfangszeiten der Pizza, vom Wohlgeschmack der Frikadelle bis zu den Vorzügen des eigenen Nutzgartens …

Die Geschichten dieses Buches spielen in den 1960er und 70er Jahren. Damals hatte der elterliche Mittagstisch so manche Speise im Angebot, die das Kind als vermeintlich ungenießbar einstufte. Aber wenn es sein musste, dann hieß es nur: »Das wird gegessen!«

Wurstlegenden

Ganz gleich, welchen Alters er ist: Der Mensch, wenn er nicht generell auf Fleisch als Nahrungsquelle verzichtet, hat meist ein gutes Verhältnis zur Leberwurst. Allenfalls die Schinkenwurst erreicht gleiche oder gar höhere Popularitätswerte.

Meinem Vater hatte ich es zu verdanken, dass auch Produkte auf den bescheiden gedeckten Küchentisch kamen, die ich als Kindergourmet mit dem Prädikat »ungenießbar« versehen musste: Blutwurst, Schinkenspeck, Sülze oder die letzten kalten Scheiben des Sonntagsbratens. In solchen Zeiten retteten mich nur Leberwurst und Schinkenwurst. Vom leckeren Holländer Käse einmal abgesehen.

Gut, die gleichmäßig rosafarbene und stets appetitlich daherkommende Schinkenwurst war sowieso des Kindergourmets Liebling. Mit besonderem Genuss verspeiste ich sie als Gratis-Einzelscheiben-Exemplar direkt im Metzgergeschäft.

Erwartungsvoll betrat ich mit Mutter den schwarz-weiß gekachelten Laden, der selbst im Hochsommer gut gekühlt war. Die Metzgersfrau, stilecht im weißen Kittel, konnte ich hinter der viel zu hohen Theke kaum sehen, und ich musste mich immer ein wenig strecken, wenn sie mir die begehrte Schinkenwurstscheibe entgegenreichte. Vor dem Genuss stand selbstverständlich die mütterliche Aufforderung: »Was sagt man?«, worauf ich ein stockend-schüchternes »Danke« in Richtung Metzgersfrau hervorbrachte. Mein Zögern bedeutete nicht, dass ich die milde Gabe nicht ausreichend zu würdigen wusste. Nein, die Verlockung in Form einer ganzen Schinkenwurstscheibe war einfach zu groß. In der speichelflussgetriebenen Aufregung konnte ein Kind die Grundregeln bürgerlicher Höflichkeit schon mal vergessen.

Sobald die Formalitäten erledigt waren, durfte die schmackhafte, fettige Wurst endlich – und in der Regel sehr zügig – den Weg in den Kindermagen finden. Ein stummer Jubel erfüllte mich, wenn Mutter darauf in Richtung Theke sprach: »Na gut, dann geben Sie mir bitte noch ein Viertelpfund von der Schinkenwurst.« Die Woche war gerettet.

Mutter machte sich eigentlich wenig aus Wurst. Aber Vater liebte seine »Schweinereien« – und ich meine Schinkenwurst. Eine Diskussion, die sich regelmäßig am Tisch entzündete, drehte sich um die Frage, wie großzügig die Schinkenwurst auf einer Brotscheibe platziert werden durfte. Meist musste ich – unter Vaters strengem Blick – die Schinkenwurstscheibe so zuschneiden, dass sie der Fläche meines Brotes exakt entsprach. Denn eine Regel des sparsamen Haushalts der 60er Jahre lautete: »Überhang ist nicht erlaubt!«

Wenn Vater dann nicht hinschaute, steckte ich mir heimlich die übrigen Schinkenwurst-Schnipsel in den Mund. Bekanntlich galt damals wie heute die Devise: In der allergrößten Not (aber nicht nur dann) schmeckt die Wurst auch ohne Brot!

Schinkenwurst bedient in wahrhaft perfekter Weise die unterschiedlichen Geschmäcker. Im Rheinland kombiniert man Wurst gerne mit Süßem. Obwohl ich geborener Rheinländer bin, werde ich das nie verstehen. Mit Süßem! Schon früh war ich darüber entsetzt. Einer meiner Klassenkameraden verspeiste bevorzugt Schinkenwurst mit Rosinenweißbrot und Rübenkraut, was er übrigens ebenso mit der Leberwurst vollzog.

Ich selbst mochte Schinkenwurst am liebsten auf einem dunklen Roggenbrot oder einem frischen Brötchen. Hin und wieder versah ich die Wurst mit einer kleinen Senfzugabe. Das machte man ja auch mit der Bockwurst so, da war ein Klecks Senf immer gerne gesehen. Unter allen Kombinationsmöglichkeiten erwies sich die Roggenbrot-Senf-Schinkenwurst-Variante in meinen Augen als klare Gewinnerin.

Eine junge Dame, die ich für einige Wochen in hormonell anstrengenden Zeiten intensiver besuchte, hatte ein Faible für die katastrophale Kombination aus Schinkenwurst und Nuss-Nougat-Creme. Wer sollte das denn noch nachvollziehen können? Auch die Eltern der jungen Dame nahmen die Geschmacksverirrung widerstandslos hin und seufzten: »Lass sie. Sie mag das eben. Daran können wir nichts ändern.«

Keine Probleme mit dem eben erwähnten »Überhang« gab es bei der Leberwurst. Dennoch beäugte mich Vater beim Abendbrot misstrauisch aus den Augenwinkeln und achtete darauf, dass ich nicht »zu dick schmierte«. Leberwurst stand bei mir noch ein wenig höher im Kurs als Schinkenwurst. Sie führte bisweilen zu familiären Konflikten, weil ich ausnahmslos feine – geräucherte wie ungeräucherte – Kalbsleberwurst als »lecker« und »genießbar« anerkannte. Vater hingegen bevorzugte grobe Leberwurst mit fiesen, harten Fleisch- und Leberbrocken, als Steigerung Hausmacher-Leberwurst aus dem Weckglas und gelegentlich Pfälzer Leberwurst. Diese Sorten waren einem Kindergourmet nicht zu vermitteln.

In meiner Familie schwelte also auf Leberwurst-Basis ein elementarer Vater-Sohn-Konflikt. Erschwerend kam hinzu, dass Mutter immer nur eine Sorte Leberwurst vom Metzger mitbringen durfte. Wie weise Frauen so sind, suchte sie den Kompromiss und mied den Streit. Also gab es überwiegend doch die feine Leberwurst, denn die aß mein Vater ja auch. Die grobe Sorte, die er präferierte, wurde von mir keines Blickes gewürdigt und bekam im Kühlschrank in der Regel »Haare«. »Wenn die keiner isst, brauchst du sie auch nicht mehr mitzubringen«, befand Vater. Ich hatte gewonnen.

1965 ereignete sich eine Begebenheit, die über viele Jahre den familiären Sagenschatz bediente. Damals war ich gerade fünf und durfte meine Patentante häufiger auf Fahrten nach Köln begleiten, da ihr Sohn dort beruflich tätig war. So kam ich eines Abends in den Genuss eines hervorragenden Kölner Schwarzbrotes. Ich vermute, dass es sich um das Brot einer bekannten Bäckerei in der Ehrenstraße handelte, das – meiner subjektiven Ansicht nach – auch heute noch zu den besten Schwarzbroten der Welt gehört. Eine Meinung, mit der ich beileibe nicht alleine dastehe.

Im zarten Alter von fünf Jahren kostete ich dieses Brot erstmals in Kombination mit Butter und echter »Kölner Leberwurst«. Die »Kölner Leberwurst« ist nicht ohne Grund ein regional geschütztes Produkt. Ich war schon beim ersten Bissen begeistert. Es war ein vollendeter Genuss. Niemals mehr habe ich eine perfektere geschmackliche Kombination erlebt.

Ich bat sogleich um eine zweite Schnitte, die mich aufs Neue überwältigte. Und weil es so überaus lecker war, verdrückte ich noch eine dritte Portion, der sogar eine vierte folgte. Nach einer kurzen Pause fragte ich zaghaft, trotz aller Ekstase, eine fünfte Schnitte an, die mir ebenfalls gewährt wurde. Und weil das Ganze nun schon rekordverdächtig wurde, konnte auch den Schnitten sechs und sieben nicht widersprochen werden. Erst dann hatte ich genug. Und die Familie war mit Erzählstoff für die nächsten hundert Familienfeiern ausgestattet.

Jahrzehnte später, als ich wieder einmal in Köln war, kaufte ich mir besagtes Schwarzbrot beim Bäcker und konnte vor Ort auch eine echte »Kölner Leberwurst« ergattern. Mit Wonne wiederholte ich das Experiment von 1965 – allerdings nicht mit sieben, sondern »nur« mit drei Schnitten. Und ich muss sagen: Es funktionierte! Faszinosum Leberwurst.

Eine gute Leberwurst ist eine Offenbarung. Jawohl. Metzgerhandwerk vom Feinsten. Nichts geht über eine feine, geräucherte Leberwurst mit ordentlichem Leberanteil. Diese vereint das Herzhafte einer guten Wurst mit einem süßlichen Unterton, welcher auf den großzügigen Leberanteil zurückzuführen ist. Zusätzlich sorgen Muskat, Piment, Macis und andere Gewürze für den gewissen Kick.

Die leicht süßliche Note einer guten Leberwurst habe ich schon als kleines Kind unbewusst genossen und stets gemocht. Den Genuss verfeinerte ich mir gerne mit einem

Klecks Senf. Heutzutage esse ich gute Leberwurst am liebsten »ohne alles« auf einer Scheibe selbst gebackenem, dunklem Brot. Oder auf einem frischen Brötchen.

Im Winter 1963, ich war noch keine vier Jahre alt, initiierte mein Vater gemeinsam mit einem Nachbarn eine »Hausschlachtung«, die ein Metzger aus dem Bekanntenkreis übernahm. Bei dieser Unternehmung wurden etliche für Kindergourmets ungenießbare »Schweinereien« erzeugt (was beim Schlachten eines Schweines zwangsläufig der Fall ist), dennoch erinnere ich mich einzig – und auch nur fragmentarisch – an die Leberwurst im durchsichtigen Plastikdarm. Ungeräuchert, aber lecker. Und wahrscheinlich mit deutlich höherem Lebergehalt als heutzutage. Damals durfte man das Fleisch halt noch schmecken.

Die heute erhältliche Leberwurst empfinde ich meist als übermäßig stark gewürzt und sehr salzig. In Anbetracht ihres schwachen Lebergehalts stelle ich mir oft die Frage: Hat die Leberwurst ihren Namen wirklich noch verdient? Oder verhält es sich damit inzwischen so wie bei der von mir zu Recht verschmähten Champignoncremesuppe aus der Tüte, die ungelogen mit zweieinhalb Gramm Pilzen pro halbem Liter Suppe auskommt?

Der Metzger meines Vertrauens wirbt mit »handwerklich hergestellter« und »preisgekrönter« Leberwurst in vielen Sorten. Ich bin froh über sein Angebot. Dennoch habe ich vor kurzem – in einem Anfall von Experimentierfreudigkeit – einen selbstgerührten veganen Brotaufstrich auf Linsenbasis kreiert, den ich wie eine echte Leberwurst gewürzt habe. Kaum zu glauben, aber auch hier funktionierte das Prinzip »Leberwurst«! Na ja, und ich musste kein schlechtes Gewissen aufgrund meiner Cholesterinwerte haben, deretwegen mein Internist Alarm geschlagen hatte. Keinesfalls wollte ich auf das Geschmackserlebnis »Leberwurst« verzichten. Zumal die Zeiten, als ich in der Metzgerei eine Gratisscheibe Schinkenwurst erhielt, auch schon mehr als 45 Jahre zurückliegen. Leider.

Omakuchen

Erinnere ich mich an die wirklich leckeren Sachen während meiner Kindheit, betritt sehr schnell meine Oma die kulinarische Bühne. Sie vollbrachte wahre geschmackliche Meisterwerke. Bei ihr gab es eine Menge erinnerungswürdiger Gerichte, die ich später nie mehr mit so viel Begeisterung gegessen habe. Obwohl meine Mutter ihr Küchenhandwerk fast ausschließlich von ihrer unvergessenen Mutter gelernt hatte, empfand ich Omas Küche ganz anders als die, die ich von zu Hause gewohnt war.

Merkwürdigerweise schmeckten bei Oma auch jene Gerichte, die ich in meinem Elternhaus nur unter Protest zu mir nahm. Ein Phänomen, das wahrscheinlich viele leidgeprüfte Eltern kennen. Es an dieser Stelle zu ergründen, würde den Rahmen dieses Buches bei Weitem sprengen. Nennen wir es der Einfachheit halber »großmütterliche Magie«. (Es wäre vielleicht eine wissenschaftliche Untersuchung wert, warum typisches »Kindergemüse« wie Rosenkohl oder dicke Bohnen zu Hause als »eklig« empfunden wird, bei Oma aber »lecker« schmeckt.)

Fuhren wir zu unserer Oma mütterlicherseits, war das immer ein Tagesausflug von 40 Kilometern. Daher fanden diese Besuche, in Ermangelung eines elterlichen Autos, zu meinem Leidwesen nur selten statt. Zur Begrüßung starteten die Erwachsenen jedes Mal ihre üblichen Rituale und ich bekam mein »Du bist aber groß geworden!« ab. Meine Augen wanderten indes zur Küchentür, die mich längst in ihren Bann gezogen hatte. Genauer gesagt, interessierte ich mich für die Nische rechts hinter der Tür. Dort stand ein kleines Tischchen und darauf – so vermutete ich aus Erfahrung – ein verlockender Kuchen.

Ein echter Omakuchen, der darauf wartete, von einem echten Kenner, auch wenn der noch sehr jung war, einer nachhaltigen Prüfung unterzogen zu werden. Mit diesem Kuchen stand und fiel der Erfolg des Besuchs bei Oma.

Mit Spannung öffnete ich die Küchentür und lugte vorsichtig in besagte Nische, um sogleich in leisen Jubel auszubrechen. Ja! Dort stand er, unter einer feinen Haube verwahrt – der Kuchen!

Aber welcher? Dies würde ich erst zur Kaffeezeit erfahren. Hier war leider Geduld gefragt. Eine Fähigkeit, die Kindergourmets in Gegenwart lockender Speisen nur extrem selten aufbringen. In meinem Fall war es umso schwerer, da sich die Erwachsenen eine geraume Zeit mit langweiligen und unverständlichen Themen beschäftigten. Mein Vater unterhielt sich mit seinem Schwager zuerst über Fußball und dann über Politik. Opa schimpfte wie ein Rohrspatz über die »Gammler«, die sich überall breitmachen würden. Und Oma sorgte sich um die beiden jüngsten Töchter, denen es im »Moloch« der Großstadt (sie wohnten in Hamburg) hoffentlich einigermaßen gut ginge. Dann regten sich alle gemeinsam über die »Hottentottenmusik« im Radio und die viel zu langen Haare der Musiker auf. So war es eben in den späten 60ern.

Gott sei Dank stellte sich bei allen erwachsenen Protagonisten erfreulich schnell der Kaffeedurst ein, sodass ich nie allzu lange warten musste. Dass es bei Oma immer Kuchen gab, hatte ich meinem Onkel zu verdanken, der noch bei seinen Eltern lebte und der zugleich mein Patenonkel war. Für ihn war ein Tag ohne Kuchen nun mal kein richtiger Tag. Und Oma sorgte für ihren »Besten« mit großer Hingabe, um das Wort »verwöhnen« zu vermeiden. (Auf der Heimfahrt verarbeitete ich meist die aufgeschnappten Gesprächsfetzen des Tages und stellte auch einmal die Frage: »Mama, was ist eigentlich ein Junggeselle?«)

Zurück zum eigentlichen Thema: Omas Kuchen-Hitliste. Den ersten Platz belegte ihr gedeckter Apfelkuchen, dicht gefolgt von ihrem Nusskuchen. Beide können rückblickend nur ein Prädikat erhalten: »Unübertroffen und unvergessen«.

Die Rezepte waren denkbar einfach: Es gab keine. Wie das zu verstehen ist, möchte ich am Beispiel des Apfelkuchens veranschaulichen. Auf die Frage »Was kommt denn da alles rein, dass der so lecker ist?« antwortete Oma immer: »Mürbeteig und Äpfel.« Das war nicht viel. Aber wie gesagt: großmütterliche Magie. Heute bin ich der Meinung, dass Oma eine perfekte Minimalistin war.

Ihr Mürbeteig verdiente in der Tat seinen Namen, so schön mürbe war er. Auch an Butter sparte Oma nicht, wie meine hochsensiblen Geschmacksknospen freudig registrierten. Die Äpfel stammten aus dem Schrebergarten, den Opa pflegte, oder aber von den Schrebergartennachbarn. Wahrscheinlich gilt auch für den guten gedeckten Apfelkuchen die bewährte Calvados-Regel: Die Apfelmischung macht's. Wobei Oma die Äpfel nicht systematisch mischte, sondern recht profan nach dem Motto »Was gerade da ist«.

Beim Nusskuchen war es ähnlich. Als Zutaten verwendete Oma Eier, Butter, Zucker, Mehl und geriebene Haselnüsse zu möglichst identischen Anteilen. Den fertigen Rührteig goss sie in die alte, gut gefettete und mit etwas Semmelbröseln bestreute Kranzform. Nach einer Stunde Backzeit ließ sie den Kuchen abkühlen, streute Puderzucker darüber. Fertig.

Doch wie schaffte es Oma, diesen intensiven Nussgeschmack auf so magische Art zu aktivieren? Wie schaffte sie es, dass ihr Kuchen nie zu trocken oder zu feucht war? Das frage ich mich bis heute.

Als Kind stellte ich mir solche Fragen nicht, da setzte ich den Wohlgeschmack voraus. Stattdessen widmete ich mich einer ganz anderen, weil bedeutenderen Frage: Wie viele Stücke Nusskuchen würde man mir zugestehen? Die Antwort war manchmal weniger erfreulich. Denn schließlich waren Oma und Mutter in ihrem Essverhalten von Krieg und Nachkriegszeit geprägt. Für sie war Essen nicht nur eine Frage des Genusses, sondern auch ein Nachweis gelebter Sparsamkeit.

Im Übrigen möchte ich dieses Kapitel zum Anlass nehmen, Müttern die Weitergabe ihrer Koch- und Backkünste ans Herz zu legen. Ich möchte auch die Kinder – Töchter wie Söhne – ermuntern, sich diese Kenntnisse anzueignen. Das steigert später die Lebensqualität. Meine Oma und meine Mutter waren diesbezüglich vorbildlich. So schwebte Omas Geist auch über dem kulinarischen Wirken meiner Mutter – wofür ich als damaliger Kindergourmet dankbar war und es als bekennender Gourmet bis heute bin. Ich habe voller Überzeugung das Erbe angetreten und gebe es ebenfalls weiter.

Als Kind erkennt man das nicht, weil die täglichen Mahlzeiten im Elternhaus allzu oft zur Routine werden. Aber auch Mütter werden Omas, und spätestens dann wird ihr kulinarisches Schaffen verklärt. Hätte ich denn Enkelkinder, so würden diese wahrscheinlich auf diverse Erzeugnisse aus Mutters Küche längst wahre Loblieder singen. Ich denke da nur an Mutters legendären Frankfurter Kranz. Und an den Bienenstich, den Vater immer so mochte.

Brötchen

Ich bin auf der Suche. Auf der Suche nach einem ganz bestimmten Geschmack. Nach dem Brötchengeschmack meiner Kindheit. Ich vermisse den Duft, das Aroma und die unvergleichliche Konsistenz eines leckeren, knusprigen, frischen Bäckerbrötchens. Eines Bäckerbrötchens, das man »pur« – ohne alles – essen kann. Ein solches Brötchen nimmt man genau so, wie es ist: Man beißt ein Ende ab, pult danach die warme, weiche Krume heraus und verspeist diese, um sich dann erwartungsfroh der Kruste, dem Höhepunkt des Brötchengenusses, zu widmen. Die Brötchen, mit denen ich das gerne gemacht habe, hat es früher in jedem Ort gegeben – egal ob sie anderswo »Schrippen«, »Semmeln«, »Weckle« oder »Rundstücke« hießen.

Heute haben industrielle Großbäckereien und Backdiscounter den Markt erobert. Der Bäckermeister, der mit eigener Backstube und Laden im Ort ansässig ist, steht inzwischen auf der Roten Liste der Handwerksberufe. Mit ihm sind auch seine handgefertigten herrlichen Backwaren bedroht, das einfache Brötchen an der Spitze.

Das moderne Brötchen von heute wird irgendwann in China geknetet, danach tiefgekühlt im Vorratslager eines unverschämt billigen Backwarenanbieters abgelegt und bei

Bedarf, Monate später, aufgebacken, bevor man es für Cent-Beträge an die unkritische Kundschaft verscherbelt.

Nein, das ist in meinen Augen nicht das Brötchen, für das es sich lohnt, frühmorgens aufzustehen. Die Halbwertszeit heutiger Brötchen ist mittlerweile so kurz, dass man zwischen der Rückkehr vom Bäcker und dem Frühstück nicht allzu viel Zeit verstreichen lassen sollte. Binnen weniger Stunden kann sich ein knusprig-leckeres Brötchen in ein schwer genießbares verwandeln. Wie anders waren da die guten alten Handwerksbrötchen …

In meinem Heimatort mit etwas unter 10.000 Einwohnern gab es zu Anfang der 1970er Jahre vier Bäcker mit Backstube und Laden. Und zwar einem einzigen Laden. Kein Bäcker kam damals auf die Idee, Filialen in anderen Orten aufzumachen und unausgeschlafene Laien nach ihrer ersten Morgenzigarette tiefgekühlte Brötchen aufbacken zu lassen. Es waren stolze Handwerker, denen die Qualität ihrer Produkte am Herzen lag. Frische Brötchen gab es nicht rund um die Uhr, sondern nur morgens, vielleicht noch vormittags. Die Brötchen waren so gut, die blieben frisch bis zum Abend.

Im Übrigen waren die Brötchen dieser vier Bäcker nicht nur Ausdruck handwerklichen Könnens, sie wiesen auch individuelle Unterschiede auf. So kam es, dass fast jeder im Ort die Brötchen »seines« Bäckers als die besten pries. Sie besaßen ihren eigenen Geschmack und ließen sich selbst mit verbundenen Augen klar unterscheiden. Sie waren beredtes und leckeres Zeugnis guten Handwerks. Deswegen lohnt an dieser Stelle eine Rückschau auf unsere damalige Bäcker-Landschaft.

Bäcker Nr. 1 hatte eine Spezialität: Während es in der

Woche die »normalen« länglichen Brötchen für 10 Pfennige das Stück gab, bot er samstags auch die sogenannten »Wochenendbrötchen« für 12 Pfennig an. Diese runden Brötchen waren etwas gehaltvoller und hießen deshalb bei vielen Kunden – wahrscheinlich nicht zu Unrecht – »Fettbrötchen«. Was es damit auf sich hatte, das gab der Bäcker nicht preis. Geheimes Rezept. Punkt.

Die Fettbrötchen waren wirklich sehr schmackhaft, stets appetitlich goldgelb, mit nicht zu dicker Kruste, einer wunderbaren Krume und deutlichem Eigengeschmack. Der Bäcker ging in den 1990er Jahren in den Ruhestand. Vergleichbare Brötchen habe ich nie wieder irgendwo gesehen und genießen können. Das Rezept hat er wohl mit ins Grab genommen.

Bäcker Nr. 2 war der Vater eines Klassenkameraden und Freundes (dazu an anderer Stelle mehr). Seine einfachen Brötchen waren in unserer Familie erste Wahl, denn sie boten alles, was man von einem idealen Brötchen erwartet. Sie hatten eine satte, goldbraune, sehr knusprige Kruste, die den Namen rundum verdiente. Außerdem geizte der Bäckermeister nicht mit dem Gerstenmalz, sodass die Brötchen eine zusätzliche, wunderbar würzige Geschmacksnote erhielten. Sie schmeckten gänzlich anders als die von Bäcker Nr 1.

Der Teig wurde einen Tag vorher geknetet und erhielt viel Zeit für die Gärung, was die Brötchen nicht nur aufgehen ließ, sondern die Teigstruktur verbesserte und vor allem für mehr Wohlgeschmack sorgte. Deswegen antwortete dieser Bäckermeister auf die Frage nach seinen wichtigsten Brötchenzutaten: »Gefühl, Geduld und viel Zeit.«

Bäcker Nr. 3 fertigte sehr große, aber auch sehr helle

Brötchen. Nicht ganz so knusprig, aber immer lecker. Das waren die Favoriten meiner Patentante. »Die isst die nur, weil sie ein Gebiss hat«, sagte Vater oft, »die Dinger kann sie besser beißen.« Diese Bäckerei gibt es übrigens heute noch. Sie bietet inzwischen viele gute Brötchen-Spezialitäten an, weil der heutige Bäckermeister sich immer noch seinem Handwerk verpflichtet fühlt und vieles in seiner großen Backstube – denn auch er ist inzwischen Filialist – von Hand fertigen lässt.

Bäcker Nr. 4 war für uns erste Wahl, wenn Bäcker 1 und 2 »Betriebsferien« hatten. Seine Brötchen waren grundsolide und lecker. Qualitätsmäßig würden sie heute in der Welt der Fertigteiglinge wahrscheinlich immer noch auffallen.

Heutzutage ist »bunte Vielfalt« in vielen Bereichen ein Qualitätsmerkmal. Wahrscheinlich gibt es deshalb unendlich viele Brötchensorten. Ketten, Filialen, Massenware bestimmen das Bild. Dennoch suche ich – wenn ich nicht gerade selber backe – ausschließlich Handwerksbäckereien auf. Während es früher vier direkt vor unserer Haustür gab, habe ich heute fünf dieser Bäcker in einem Acht-Kilometer-Radius. Alle Brötchen-Spezialitäten, von Kürbiskern bis Dinkel-Chia, lasse ich links liegen, wenn ich weiß, dass diese Bäcker ihre meisterhafte Kunstfertigkeit in das einfache Brötchen stecken.

Ein positives Brötchen-Erlebnis ist mir noch aus dem Jahr 1971 in Erinnerung. Damals besuchte unsere Familie Verwandte in der DDR. Am ersten Samstag hatte ich die Ehre, gemeinsam mit meiner gleichaltrigen Cousine zum Bäcker gehen zu dürfen. Der Auftrag lautete: Zwanzig Brötchen. Ich erhielt genau 1 DDR-Mark. Ob das reichen würde? Ich kam ins Grübeln. Zwanzig Brötchen für 1 Mark würde ja bedeuten: 5 Pfennige pro Brötchen. Ungläubig betrat ich die schmucklose Bäckerei in dem brandenburgischen Dörfchen.

Aber tatsächlich: In der DDR gab es Brötchen, rund, goldbraun, groß und kross, die genau 5 Pfennige kosteten. Und lecker waren sie auch! Klar, als Elfjähriger wusste ich nichts von der staatlichen Brötchen-Subventionierung. Aber das war auch egal. Zumal die DDR mit kulinarischen Köstlichkeiten sonst eher geizte. Die Brötchen verdienten jedenfalls Respekt. Auch hier gab es Bäcker, die ihr Handwerk bestens verstanden und die Magie beherrschten, aus Wasser, Mehl, etwas Malz, Salz und Hefe köstliche Brötchen zu zaubern.

Zurück in die Jetztzeit: Der Verlust der vielen Handwerksbäckereien schmerzt mich schon erheblich. Heute backe ich Brot und Brötchen überwiegend selbst. Und ich weiß, was ich daran habe. Ich bin kein Freund des Ausspruchs »Früher war alles besser«, weil das meistens nicht stimmt. Aber bei den Brötchen vom Bäcker, ob West oder Ost, muss ich da eine ganz klare Ausnahme machen.

Den Geschmack der Brötchen meiner Kindheit habe ich inzwischen tatsächlich gefunden: in einer alteingesessenen, ebenso kleinen wie beliebten Kölner Bäckerei. Die Warteschlange der Kunden reicht sehr häufig bis auf den Bürgersteig. Trotzdem ist ein Besuch dieser Bäckerei bei jedem Köln-Aufenthalt für mich Pflicht. Leider liegt sie 70 Kilometer von meiner Haustür entfernt. So wird dieser Brötchengenuss für mich leider nicht zur Regel. Waren eigentlich schöne Zeiten, die 60er und 70er Jahre, da reichte für solche Geschmackserlebnisse ein kurzer Fußweg.

Eine Badewanne voll Gehacktes

Vielleicht ist es vermessen, nach dem Kapitel über Brötchen direkt zum Thema »Frikadellen« zu kommen. Obwohl ein eingeweichtes altes Brötchen selbstverständlich in eine gute Frikadelle gehört. Die schmackhaften flachen Hackfleischklöße sind nahezu überall im Land beliebt, auch wenn sie anderenorts »Klopse«, »Buletten«, »Küchle« oder auch »Fleischpflanzerl« heißen.

In meiner früheren »Kneipe umme Ecke«, die leider nicht mehr existiert, gab es freitags eine Zeitlang sehr leckere hausgemachte Frikadellen. Einem thekenbekannten Lästermaul fiel nichts Besseres ein, als die Wirtin nach dem Frikadellengenuss regelmäßig und penetrant anzugehen: »Hömma, die Frikadelle, war die jetzt vom Metzger oder vom Bäcker?« Die Wirtin entgegnete meist schlagfertig: »Vom Schreiner!« Thema beendet.

Aber weshalb erinnere mich noch daran? Weil die Frikadellen in der Kneipe beständig gut geschmeckt haben. Unverschämt gut sogar. Genau wie die Frikadellen, die Mutter häufig mittags auftischte – Gehacktes riss keine großen Löcher in die schmale Haushaltskasse.

Ich ging freitags gerne zum Bierchen in diese Kneipe, weil neben dem gehopften Erfrischungsgetränk eine feine

Frikadelle auf mich wartete. Nach verstärktem Biergenuss gab es auch mal die zweite oder dritte, weil der Appetit mit dem Alkoholkonsum erfahrungsgemäß stieg.

Und eins weiß ich noch genau: Wenn ich früher von der Schule kam und es gab zum Mittag Mutters gute Frikadellen (natürlich von Oma gelernt), mit leckerer Soße, Salzkartoffeln und Gemüse, dann war der Tag gerettet. Merke: Eine gute Frikadelle sorgt verlässlich für gute Laune.

In einem langen Leben lernt man, dass die Spannbreite der Frikadellenqualität jene der Golden Gate Bridge bei Weitem übersteigt. An den Genuss guter Frikadellen – ganz gleich, wann und wo ich sie gegessen habe – erinnere ich mich bis heute.

Mit einer fünfköpfigen Gruppe trafen wir einmal irrtümlich eine Stunde zu früh bei einer studentischen Geburtstagsfete ein. Man ließ uns dennoch großherzig ein und bot uns ein Bier im Festraum an. Dort war bereits das Buffet aufgebaut. »Ihr könnt ruhig schon rangehen«, sagte der Gastgeber ahnungslos. Wäre er sich seines leichtsinnigen Angebots bewusst gewesen, hätte er diesen Satz wahrscheinlich nicht formuliert.

Zum Buffet gehörte unter anderem eine riesige Schüssel mit frischen, herrlich duftenden Frikadellen in sattbrauner Kruste. Daneben stand ein großer Senftopf. »Dat brauch ich jetz'«, sagte der dicke Paul aus unserer Gruppe, »'ne Badewanne voll Gehacktes und 'nen Eimer Senf.«

Paul sprach uns aus der Seele. Wir fokussierten alle Sinne auf die Fleischklopse und verspeisten zu fünft innerhalb einer knappen Stunde nahezu fünfzig Frikadellen, was bedeutet, dass die Schüssel zu Festbeginn komplett geleert war. Die restlichen Gäste haben nie erfahren, welche Delikatesse ihnen da entgangen war.

Erstaunlich ist ja, dass Frikadellen in jedem Aggregatzustand schmecken. Als warmes Mittag- oder Abendessen mit Salz- oder Bratkartoffeln. Kalt oder warm mit einem Brötchen, einer Scheibe Brot, wahlweise auch solo, gerne dann mit einem ordentlichen Klacks Senf. Bei Frikadellen geht so ziemlich alles.

Werden Frikadellen in der Gemeinschaft kredenzt, so hört man fast nie die Floskel »Nein, danke«. Wer wäre denn auch so blöd, eine Frikadelle einfach zu verschmähen? Selbst Veganer und Vegetarier greifen auf alle erdenklichen sojabasierten Frikadellen-Tricks zurück. Oder wie ein Bekannter immer so nett formuliert: »Fake-Frikadellen«.

Nur einmal habe ich fast den Glauben an den Fleischklops verloren. Über einen Freund hatte ich mich an einer größeren Renovierungsaktion beteiligt und am Ende gab es zum Dank für alle Kartoffelsalat und Frikadellen. So wurde es zumindest vollmundig angekündigt.

Zu unserer Belohnung (oder sollte es eine Bestrafung sein?) öffnete der edle Spender einen großen, weißen, leicht schmuddeligen Plastikeimer, gefüllt mit einer nicht minder weißen Masse, die uns als »Kartoffelsalat« kredenzt wurde. Zusammensetzung: Kartoffelscheiben und Mayonnaise zu etwa gleichen Gewichtsanteilen und in Gänze sehr, sehr sauer.

Dann nahm der Gastgeber einen durchsichtigen Plastikbeutel aus dem Kühlschrank. Darin befanden sich undefinierbar graubraune Fleischballen, die uns doch wahrhaftig als Frikadellen aufgetischt wurden. Die Aufschrift auf der Verpackung war unzweifelhaft in niederländischer Sprache gehalten, was mich schon einigermaßen skeptisch stimmte. Erst recht das Preisschild: »2,98«. Und das zu einer Zeit, als der Euro noch Science-Fiction war. Bei 25 Frikadellen sollte uns das in höchstem Maße alarmieren. Was es auch nachhaltig tat.

Tatsächlich waren die sogenannten Frikadellen in keiner Weise geeignet, die Laune zu heben: Sie waren eiskalt und hatten ein spezifisches Gewicht, das irgendwo zwischen dem von Eisen und Blei lag. Wir, die Empfänger der edlen Spende, schauten uns konsterniert an. Panik und Grauen zeichnete unsere Gesichter. Aber: Wir wollten nicht unhöflich sein. Waren es letztlich auch nicht.

Ich glaube, dass zu keiner Zeit und nie wieder auf diesem Planeten solche Mengen von Senf zu einer einzelnen Frikadelle gegessen wurden wie an jenem Tag. Man musste die Brocken ja irgendwie runterkriegen. Dass wir kurzerhand noch eine Flasche Kräuterschnaps organisierten, um dem Magen halbwegs ein Friedensangebot zu unterbreiten, sei nur am Rande erwähnt.

Gott sei Dank hat sich mein Gehirn geweigert, dieses in seiner Art sehr einmalige Geschmackserlebnis abzuspeichern. Da scheint es doch irgendwelche besonderen Schutzmechanismen zu geben. Ich denke jedenfalls, dass dem so ist. Denn ansonsten würde ich mich heute noch schütteln. Noch weniger möchte ich wissen, welches Fleisch (war es das?) in den Frikadellen verarbeitet worden war. Es ist so ähnlich wie bei den holländischen »Frikandeln« – man isst sie, will aber nichts Genaueres dazu erfahren. Wie gesagt. Schutzmechanismen.

Letztlich kann ich die hohen Zustimmungsraten für Hamburger sehr gut nachvollziehen. Denn das Herzstück eines Hamburgers ist das »Patty«. Eigentlich auch eine Art Klops, sozusagen der Cousin der guten alten Frikadelle. Der Unterschied ist schnell erklärt: Bei der Frikadelle ist das Brötchen mit drin, beim Patty drum herum.

Zurück zur Frikadelle: Die Differenz zwischen »sehr gut« und »sehr schlecht« ist bei ihr in astronomischen Einheiten zu messen. Deswegen halte ich eine gute Frikadelle durchaus für den Nachweis vorhandener Kochkunst. Zwar ist sie keine Repräsentantin der Sterneküche, aber ein echtes Stück Volksernährung. Der Millionär beißt genauso gerne in den Fleischklops wie der Hartzer. Sie sorgt standesübergreifend für Wohlbefinden.

Alle Orte, an denen ich mich gerne aufhielt, ob zu Hause, bei Oma, bei meiner Patentante oder im Stammlokal, hatten eines gemeinsam: Hier gab es leckere Frikadellen. Und das kann ja fast jeder häufiger brauchen: 'ne Badewanne voll Gehacktes und 'nen Eimer Senf.

Am Anfang ein Desaster

Wenn es eine importierte Spezialität gibt, die es beinahe in den Rang eines Grundnahrungsmittels geschafft hat, dann ist es Pizza. Gut, wer in Neapel eine originale, bei über 400 Grad ganz kurz gebackene Pizza mit Tomate, Mozzarella und Basilikum genießen durfte, gerät bei einer in Deutschland gereichten Thunfisch-Pizza mit Ananas schon ins Grübeln. Stirnrunzelnd fragt sich der Pizzaconnaisseur: Fortschritt oder Rückschritt? Ich überlasse das Urteil jedem einzelnen Pizzaesser, denn die Geschmäcker sind bekanntlich verschieden. Aber den Eindruck, dass sich in Deutschland mediterrane Spezialitäten wie Pizza, Gyros und Döner in wenig vorteilhafter Weise vom Original des Heimatlandes entfernt haben, werde ich dennoch nicht los.

Doch wie begann es eigentlich? Mit der Pizza in deutschen Landen? Spätestens in der unvergessenen TV-Serie »Ein Herz und eine Seele« wurde der Generationenkonflikt deutlich, den eine Pizza einst zu entflammen vermochte. »Ekel Alfred« weigerte sich, die »Mafiatorte« anzurühren, und konstatierte: »Ich heiße immer noch Alfred und nicht Alfredo.«

Aber irgendwie ahnte der Bundesnormalbürger zu Anfang der 1970er Jahre, dass da ein neuer Stern aufging und man sich in seinem Glanz durchaus sonnen konnte. Und dieser Stern war von Süditalien gen Deutschland gewandert. So wie viele Bewohner dieses Landstrichs zuvor.

Schließlich hatte es dann auch meine Mutter erwischt. Es war irgendwann um das Jahr 1972, als sie im Supermarkt ein Komplettpaket Pizza zum Selbermachen erstand. Ich weiß nicht, wer der Anbieter war, irgendeine große und bekannte Lebensmittelmarke. In dem Paket befand sich: ein Beutel Mehl, ein Beutelchen Trockenhefe, ein Tütchen fertige Tomatensauce, ein Päckchen Reibekäse und ein kleines Fläschchen Olivenöl. Letzteres stammte von einem gängigen und bekannten Hersteller. »Also muss es gut sein«, wie Mutter ausdrücklich feststellte. Das sollte sich, wie das gesamte Paket, als großer Irrtum erweisen.

Mutter folgte penibel der Gebrauchsanweisung und knetete geduldig den Teig, der aber kaum aufging. Etwas von dem Olivenöl musste ebenfalls in den Teig, wie auch in die Tomatensauce. Hätte Mutter damals gewusst, wie gutes Olivenöl schmeckt, sie hätte dieses mitgelieferte Zeug niemals verwendet.

Na ja, jedenfalls legte sie den Teig später in eine Fladenform und »goss« die Tomatensauce darüber – denn davon war reichlich (und aus heutiger Sicht viel zu viel) vorhanden. Dann streute sie den beigefügten Reibekäse (trockenster Parmesan im Sägespanmodus) darauf. Laut Packung konnte man zusätzlich Salami oder Schinken auf die Pizza legen. Sparsam wie sie war, platzierte Mutter also noch vier Scheiben Salami und schob das Ganze in den Ofen.

Vater, der sich manchmal besagtem Alfred Tetzlaff nicht unähnlich verhielt, blickte sehr skeptisch auf die servierte fertige Pizza. Ich hingegen freute mich auf die neue Kost und Mutter war auch optimistisch. Doch wer behielt am Ende recht? Leider mein Vater! Denn das, was da als vermeintliche Pizza auf den Teller kam, war eine geschmackliche Katastrophe, was bei den Zutaten nicht weiter verwunderlich war. Grausam! Doch wie sollte das eine völlig pizzaunerfahrene Familie anno 1972 wissen? Das sei zur Ehrenrettung gesagt.

In der Konsequenz wurde Pizza per väterlichem Dekret vom familiären Speiseplan gestrichen. »Endgültig«, wie Vater sagte. Erst in den 90er Jahren, als Mutter mal eine sehr gelungene Selfmade-Pizza kredenzte, wurde das Verbot wieder aufgehoben. Und noch später konnte Vater, versehen mit dem entsprechenden Schuss Altersmilde, einer guten Pizza sogar etwas abgewinnen. Ja, man konnte ihm damit eine rechte Freude machen.

Drei Jahre nach dem 72er-Pizzadesaster öffnete in unserer Kleinstadt die erste Pizzeria. Meine damalige Clique – alle fünfzehn, sechzehn Jahre alt – beschloss, dieses kulinarische Angebot zu testen, zumal der Vater eines Cliquenmitglieds der Vermieter des Pizzawirts war. So war es auch kein Problem, in der Eröffnungswoche den besten Tisch reserviert zu bekommen.

Allerdings hatte ich noch eine Riesenhürde zu nehmen. Eigentlich sogar zwei. Zunächst hatte ich das heimische Abendbrot für diesen Tag zu kündigen. Das ging keinesfalls grundlos, sondern nur unter genauer Angabe des Anlasses und mit stichhaltiger Begründung in Bezug auf Sinnhaftigkeit und Zweck.

Vater war das gar nicht recht. Zum einen wurde zu Hause gegessen. Welchen Grund sollte es also geben, mitten in der Woche auswärts zu speisen? Und was das kosten würde!

Meine Eltern waren beide aus dem Osten »rübergekommen« und hatten nach der Hochzeit in den späten 50ern bei null angefangen. Und zwar ziemlich genau bei null. Sparsamkeit war daher stets und ständig angesagt. Da wurde beim Essen keine Ausnahme gemacht. Hier war mein Vater rigoros: Kosten durfte es nichts, aber gut und lecker musste es sein.

Nach längerem Bitten und Betteln wurde dann aber doch der Pizzaausflug genehmigt. Der Junge sollte ja auch nicht als Außenseiter abgestempelt werden. Es gab trotzdem ein Problem: Das Taschengeld reichte nicht für eine Pizza. »Was kostet die denn?«, wollte Vater wissen. »Zwischen 4 und 8 Mark.« »Na ja, du musst ja nicht die teuerste essen!« So wurden mir 5 Mark zugestanden, für die ich als Gegenleistung das samstägliche Rasenmähen auf meinen schmalen Knabenschultern tragen musste. Aber ich war bereit, dieses Opfer auf mich zu nehmen, hatte ich doch ein einzigartiges kulinarisches Experiment vor Augen.

Am frühen Abend traf sich die Clique dann vor der Pizzeria. Die Lokalität platzte in der Eröffnungswoche aus allen Nähten, denn das allgemeine Interesse war riesig. Wir hatten ja Gott sei Dank unseren Tisch und konnten von dort aus den Pizzabäcker bewundernd betrachten. Wie er aus einer Teigkugel einen Fladen formte, der sich magisch vergrößerte, während er ihn durch die Luft wirbelte. Wir staunten nicht schlecht.

5 Mark, das reichte für eine Pizza Salami und eine Cola. Gut, das war 1975. Natürlich hatte ich noch das Pizzadesaster aus dem Jahr 1972 im Kopf, aber der Wohlgeschmack der Profi-Pizza überzeugte mich letztlich.

Aus heutiger Sicht muss ich sagen, dass diese erste Pizzeria in unserer Stadt wohl eher durchschnittliche Qualität produzierte. Aber was soll's. Es war etwas Neues und schmeckte den Leuten. In den 80ern schossen dann die Pizzerien wie Pilze aus der städtischen Erde. Der Siegeszug des italienischen Teigfladens hatte endgültig begonnen. Auch bei uns in der Provinz.

In den frühen 90ern – ich war inzwischen zu Hause ausgezogen – eröffnete eine Pizzeria in unmittelbarer Nachbarschaft zu meiner Wohnung. »Pizzeria Rustica« stand in altdeutscher Schrift mit Bitburger-Pils-Werbung über dem Eingang und der Pizzabäcker war – ich traute meinen Augen kaum – ein Inder. Seine Pizza schmeckte solide. Gut, sie traf nicht ganz den italienischen Stil, aber sie war essbar und preisgünstig, was damals für mich und etliche andere im Ort wichtig war.

Mit dem Pizzabäcker, der ja auch eine Art Nachbar war, verstand ich mich auf Anhieb gut. Ein freundlicher, netter und redseliger Mensch. Recht bald fragte ich ihn das Offensichtliche: »Wieso denn eine Pizzeria? Die gibt's doch inzwischen wie Sand am Meer. Ein indisches Restaurant fände ich viel besser.« Er schaute mich freundlich lächelnd an, hielt eine ganze Zeit lang inne und rückte dann mit der knallharten Wahrheit heraus: »Na ja, das mit dem indischen Restaurant würde nicht gehen. Mit der Pizzeria schon.« Ich schüttelte den Kopf: »Aber wieso?« Er lächelte mich noch intensiver an und gestand dann mit gesenktem Blick: »Ich kann nicht kochen.«

Das musste ich erst einmal sacken lassen. Ein Mensch, der nicht kochen kann, macht ein Restaurant auf und verkauft erfolgreich Pizza und Nudelgerichte. Ein Inder auf italienischen Spuren.

Seitdem sind fast dreißig Jahre vergangen. Heute ist seine Kochkunst wahrscheinlich immer noch begrenzt, aber die Pizzeria gibt es nach wie vor. Scheint ein Erfolgsrezept zu sein!

1990 durfte ich in den USA ebenfalls eine besondere Pizzaerfahrung machen. Davon möchte ich hier kurz erzählen, weil das Erlebnis zeigt, dass es auf der anderen Seite des Atlantiks doch etwas anders zugeht als in »good old Europe«. Ich war damals mit einer fünfköpfigen Reisegruppe in den USA unterwegs und wir kehrten mittags in eine Pizzeria irgendwo im Großraum Orlando ein. »Muss ja keine Riesenpizza sein«, sagte einer aus der Gruppe beim Eintreten. Was er nicht bedachte: Wir befanden uns in den USA, da ist alles ein wenig größer. Auch die Pizza.

Schon die Speisekarte irritierte uns. Das war keine Auflistung, wie wir sie aus »good old Germany« kannten. Gewöhnlich begann die mit einer Margherita und reichte über Napoli, Salami, Spinaci bis zur Quattro Stagioni und der Calzone. Nein, in Amerika gab es ein Baukastensystem. Es fing an mit dem Teigfladen. Italian Style und American Style standen zur Auswahl. Das bedeutete letztlich: Es gab den dünnen Fladen mit knusprigem und den etwa zweieinhalb Zentimeter dicken mit fluffigem Rand.

Tomatensauce, eine Lage Käse und Oregano waren obligatorisch. Den Rest durfte man frei komponieren. Allerdings gab es schon als erste Option »single cheese«, »double cheese« und »triple cheese«. An einem Nachbartisch wurde eine Pizza mit »double cheese« serviert. Was wir sahen, waren solche Unmengen von Käse, dass wir schon ahnten, dass die Belagphilosophie in den USA sich gänzlich von der unsrigen unterschied.

Die übrigen Zutaten gab es in den Kategorien 50 Cent, 1 Dollar, 1,50 Dollar und 2 Dollar. Das Angebot reichte von Salamischeiben, Knoblauch, Pilzen über Paprika, Chili bis zum Hummer.

Ach ja, und dann staunten wir über die unterschiedlichen Größen. Italian Style wie American Style begannen bei der Minigröße »10 Inches« (25 Zentimeter) und reichten über 12, 15, 20 Inches bis hin zu – man halte sich fest und schnalle sich an – 30 Inches. Das entspricht einem Durchmesser von 75 Zentimetern. Eine Pizza in Küchentischgröße!

Gut, bei uns ging es gesittet zu: Wir wollten ja nur eine kleine Pizza. Alle begnügten sich mit der »10 Inches Italian Style Single Cheese« und ein, zwei Belägen. Das reichte völlig.

Am Nebentisch bestellten zwei kräftige, nein, sehr kräftige Arbeiter – echte US-Boys im Blaumann – ebenfalls Pizza. Wir hatten nicht mithören können, was sie orderten. Aber nach circa zehn Minuten wuchtete der Kellner, dabei lautstark die Bestellung wiederholend (für uns zum Mitschreiben und Staunen), tatsächlich eine »30 Inches American Style Triple Cheese« mit locker sechs verschiedenen Belägen auf den Tisch. Diese gigantische Pizza war dem Erscheinungsbild eines Vulkans nicht unähnlich.

Sofort fing der eine Arbeiter zu essen an. »Mal sehen, ob die zwei die schaffen«, äußerten wir unsere Skepsis. Während wir uns noch fragten, ob eine solche Portion von zwei Mann tatsächlich zu bewältigen war, erschien der Kellner abermals und wuchtete den Zwillingsbruder dieser Riesenpizza auf den Tisch. Nun begann auch der zweite Mann zu essen.

Im weiteren Verlauf kämpften wir damit, unsere 10-Inches-Pizzen zu schaffen, und blinzelten respektvoll zum Nebentisch, wo zwei XXXL-Pizzen auf beängstigende Weise ihren Weg in zwei amerikanische Arbeitermägen fanden. Die Redensarten »Andere Länder, andere Sitten« und »Reisen bildet« hatten sich einmal mehr bewahrheitet.

Eine letzte Anekdote muss ich an dieser Stelle noch loswerden, weil sie ebenfalls mit einer Pizza zu tun hat. Die Geschichte ereignete sich bei einem Skatabend in unserer Stammkneipe.

Eines möchte ich vorweg erwähnen: Es hatte sich vor Jahren schon eingebürgert, dass Imbissanbieter, ganz gleich ob italienisch, griechisch, türkisch, chinesisch oder vietnamesisch, der Einfachheit halber ihre Speisekarten durchnummerierten. Damit ließen sich bei telefonischer Bestellung unerwünschte Verwechslungen oder bilaterale Sprachprobleme eindämmen. Insofern reichte es völlig, beim Vietnamesen »Zweimal die 20, einmal die 45 und einmal die 68a, aber bitte nicht so scharf« zu bestellen. In meiner Pizzeria orderte ich gerne die 5 (Salami), die 8 (Spinat) oder die 44 (Salami, Peperoni und Oliven). Die Sache hatte nur einen winzigen Haken: Die Nummern musste man im Griff haben. Wenn das nicht klappte, konnte man große Enttäuschungen erleben.

An besagtem Abend hatten wir in unserer Stammkneipe Skat gespielt. Da es außer Frikadellen und Erdnüssen nichts Essbares in der Kneipe gab, erlaubte die Wirtin ihren Stammgästen, Essen von auswärts kommen zu lassen. Nach etlichen Runden »501-Bock-Ramsch, der Verlierer gibt eine Runde« bekamen wir bierselig Appetit auf Pizza. Natürlich wollten wir bei unser aller Lieblingspizzeria bestellen, deren Karte wir normalerweise auswendig aufsagen konnten. Wir riefen dort an und jeder nannte seinen Wunsch.

Wolfgang war zu dem Zeitpunkt etwas angeschlagen, er hatte diverse Runden verloren und haderte noch. Bei der Bestellung seiner Pizza nannte er eine uns nicht geläufige Zahl. »Bist du dir sicher?«, fragten wir besorgt. »Jaja«, sagte ein schon leicht angetrunkener Wolfgang. »Ja, dann ist's gut«, meinten wir nur.

Eine halbe Stunde später brachte der Pizzabote das Bestellte. Wolfgang öffnete seinen Pizzakarton und starrte entgeistert hinein. Er blickte auf saugnapfbewehrte Tentakel und anderes, was maritime Weichtiere so zu bieten hatten. Nach dem ersten Bissen hatte er schon genug und ließ die Pizza stehen.

Was war passiert? Wolfgang hatte, statt der durchnummerierten Karte des Pizzabäckers, die seines Lieblingsgriechen im Kopf gehabt und seine dortige Lieblingspizza, die Gyrospizza (Blasphemie!), beim Italiener bestellt. So ist das, wenn man Griechen und Italiener verwechselt und griechische Schuster nicht bei ihren Leisten bleiben. Dann folgt die Strafe auf dem Fuß.

Warum es sich nicht lohnen würde, Eintopf mit Rippchen nach Afrika zu schicken

Dass Kindergourmets auch zahlreiche kulinarische Traumata erleben, sollte nicht verschwiegen werden. Was lecker ist und was nicht, darüber gibt es bei Eltern und Kindern durchaus unterschiedliche Auffassungen. Ein erster schwerwiegender Generationenkonflikt wurde bei uns tatsächlich am Küchentisch ausgetragen.

Zur Einstimmung sei erwähnt, dass mein Vater eine Vorliebe für Sülze hatte, genauer gesagt: Schweinskopfsülze. Da reicht ja schon das Wort, um ein Kind nachhaltig zu erschrecken. Nein, diese ungute Mischung aus dubiosem Fleisch und einer Substanz, die den wenig wohlklingenden Namen »Aspik« trägt, das ist nichts für einen Kindergourmet, wie ich einer war. Da es in der Regel zwei, selten einmal drei Wurstsorten im elterlichen Angebot gab, blieb mir an manchen Abenden nichts anderes übrig, als den Gürtel enger zu schnallen. Dann musste das Brot tatsächlich mit Butter als einzigem Belag auskommen.

Furcht und Grauen verbreitete noch eine andere Spezialität, die meine Eltern liebten. Etwas, was in der Pfanne zubereitet wurde und olfaktorisch so immens herausfordernd war, dass ich schon als Fünfjähriger eiligst und unter Protest die Küche verließ. Ich sage nur ein Wort, das bei manch Zartbesaiteten Angst und Schrecken auslöst: Panhas! Wer so etwas aß, der fand auch Sülze lecker und schickte kleine Kinder ohne Abendbrot ins Bett. Ja, so hart waren damals die erzieherischen Mittel, wenn man Essen komplett verschmähte und auch § 1b nicht zog, welcher bekanntlich lautete: »Das wird gegessen!« (Zu § 1a komme ich noch.)

Schon früh keimte in mir die Frage auf: »Warum machen Eltern das? Warum finden sie so etwas lecker?« Aus Sicht des Erziehungsgegenstandes eine gute und berechtigte Frage. Im Nachhinein betrachtet war die harte Linie in Sachen Essen und Trinken gar nicht mal so verkehrt. Ich habe früh gelernt, Essen einzuschätzen und mich zumindest an das eine oder andere heranzuwagen, obwohl es mir zunächst dubios erschien. Daher habe ich mich nicht sieben Tage in der Woche mit meinen Lieblingsgerichten vollgestopft. Das wäre auch gar nicht gegangen. Denn neben dem § 1b (»Das wird gegessen!«) gab es auch den § 1a: »Es wird gegessen, was auf den Tisch kommt!«

Mir tun heute die Kinder und Jugendlichen leid, deren konfliktscheue Erziehungsberechtigte nur den üblichen Essensmix anbieten: Pommes, Hamburger, Gyros, Pizza, Döner, Nudeln mit Tomatensauce, Dosenravioli etc. Und das 24/7 jeden Tag. Doch, die Ernährungserziehung meiner Eltern hat schon positive Wirkung gezeigt. Jedenfalls habe ich als Kind nie mit Übergewicht zu kämpfen gehabt, im späteren Leben hin und wieder schon …

Inzwischen esse ich manches ganz gerne, was mir als Kind nicht schmecken wollte. Rote Bete ist so ein Beispiel. Als Kind konnte man mich damit in die Flucht schlagen.

Ich musste sie aber essen und habe sie auch gegessen. Man muss Mutter zugutehalten, dass sie mir die Roten Bete mit dem Satz »Die schaden dir nun wirklich nicht« schmackhaft machen wollte. Und sie hatte recht behalten.

Zu einer Portion Bratkartoffeln, einer saftigen Bratwurst oder zu wunderbaren Königsberger Klopsen nehme ich heute gerne Rote Bete. Sehr gerne sogar. Ich würde dieses gesunde und auch wohlschmeckende Gemüse wahrscheinlich immer noch verschmähen, hätte ich nicht als Kind schon – wenn auch widerwillig – Bekanntschaft damit gemacht.

So geht es mir inzwischen mit vielem. Zahlreiche Gerichte aus Mutters (und damit auch Omas) unerschöpflichem Repertoire kommen mir heute noch auf den Tisch. Hausmannskost, gepaart mit besten Zutaten und guter Kochkunst. Eine lohnende, leckere und gesunde Art, sich zu ernähren.

Aber zurück in die Kindertage. Manchmal führte die Aufforderung »Das wird gegessen!« unmittelbar in eine ideologische Diskussion. Das war fast immer der Fall, wenn es Eintopf gab. Oder Sauerkraut mit Eisbein. So ein richtig fettes Eisbein mit Schwarte, an der sich bisweilen noch einzelne Schweineborsten fanden.

Diesen Gerichten war gemein, dass sie gekochtes Fleisch enthielten. Nun, damit kann man mich bis heute jagen, ganz wenige Ausnahmen ausgenommen. Aber Vater bestand darauf, dass Erbsen-, Bohnen- oder Gemüseeintopf Fleischeinlage enthielt. Aus Kostengründen gerne Rippchen oder Bauchspeck. Die von mir für solche Gerichte beantragte Bockwurst als Fleischeinlage wurde als »Extrawurst« abgelehnt.

Immer wenn es Eintopf gab, rührte ich unlustig in meinem Teller herum und das wabblige, weiße Fett des gekochten Fleisches grinste mich böse an. Gekochtes Schweinefett und Knorpel waren seine unschönen Begleiter. Dem Kindergourmet konnte und wollte das nicht schmecken. Eines Tages platzte meinem Vater endgültig der Kragen. Wütend fuhr er mich an: »In Afrika gibt es so viele Kinder, die hungern, und die würden sich über so einen Teller Suppe richtig freuen. Man müsste die Suppe dahin schicken und dir gar nichts zu essen geben!«

Der laute Anwurf ließ mich in Tränen ausbrechen. »Ich muss zum Klo!«, log ich und ging stattdessen in den Keller, holte einen ausrangierten versandfähigen Schuhkarton und kehrte damit in die Küche zurück. Vor den Augen meiner verblüfften Eltern entleerte ich meinen Suppenteller in den Schuhkarton und sagte: »So, dann könnt ihr die Suppe ja nach Afrika schicken.«

Was folgte, war eine väterliche Handlung, die heutzutage unbedingt den Kinderschutzbund auf den Plan rufen würde. Ich hingegen hatte schmerzhaft dazugelernt. A: »Eintopf mit gekochtem Fleisch ist in jeder Hinsicht furchtbar.« B: »Es lohnt sich nicht, Eintopf mit gekochten Rippchen nach Afrika zu schicken.« C: »Auf dieser Welt gibt es viel Ungerechtigkeit.«

Zur Ehrenrettung meiner Eltern und insbesondere von Mutter muss ich hinzufügen, dass den dunklen kulinarischen Tagen auch solche mit viel Sonnenschein folgten. Zwar mochte Vater keine süßen Gerichte, Mutter und ich aber schon. Daher griff sie auf einen sehr subtilen Trick zurück. Sie berechnete die Menge des schrecklichen Eintopfs immer so, dass für Vater noch eine Portion für den Folgetag übrig blieb. Für uns gab es dann, weil wir schließlich auch etwas essen mussten, Süßes: entweder einen Teller Milchreis mit guter Butter, viel Zucker und etwas Zimt, alternativ Buttermilchsuppe mit Reis und Backpflaumen, sehr selten Dampfnudeln mit Sauerkirschen und Vanillesoße, etwas häufiger mit Zimtzucker bestreute Kirsch- oder Apfelpfannkuchen. Und spätestens dann zeigte der vorangegangene Eintopftag des Schreckens auch seine guten Seiten.

Die Königin der Beilagen

Seine Rolle als Königin der Beilagen ist dem frittierten Kartoffelstäbchen gewiss, denn es ist die wohl weltweit am meisten konsumierte Kartoffelbeilage. Dabei adelt sie der deutsche Name nicht unbedingt. Im Original klingt »Pommes frites« noch einigermaßen elegant, und auch das »French fries« im englisch-amerikanischen Sprachraum bringt durch die Alliteration ein Mindestmaß an sprachlicher Feinheit mit. In Deutschland heißen sie wahlweise und sehr unromantisch »Fritten« oder in manchen Gegenden »Pommes«, und zwar sehr deutsch ausgesprochen, also so, wie es geschrieben steht, mit sehr starker Betonung des Doppel-m.

Die Königin der Beilagen benötigt keinen Hofstaat. Natürlich kann sie wunderbar kurzgebratenes Fleisch begleiten, in England auch fettigen Fisch. Zudem scheut sie sich nicht, an die Seite von Schnitzeln, Würsten und Hamburgern zu treten. Sie erreicht ihre Anerkennung aber auch solo. Kurzum: Die gemeine Fritte ist in aller Munde.

Eine handgeschnitzte Fritte aus frischen Kartoffeln ist ein Wohlgenuss. Wichtig ist, dass man die Kartoffelstäbchen einige Stündchen wässert, um die enthaltene Stärke zu vertreiben, was für ein knuspriges Endergebnis sorgt.

Nach dem Einweichen sollte man sie gut trocknen und in reinem Erdnussöl bei 150 Grad vorfrittieren, um sie, nach einer Ruhezeit, bei 170 Grad erneut in Erdnussöl zu baden, bis sie den gewünschten Zustand goldbrauner Knusprigkeit erreichen. Dann ist es eine wahre Freude, die krosse Hülle zu durchbeißen, um an das warme, fast püreeartige Innenleben zu gelangen, während einzelne Salzkristalle das dezente Kartoffelaroma freudig unterstützen. Das ist wahrer Genuss.

Leider wird nicht überall diese Qualität angeboten. Es ist wie bei allem auf dieser Welt: Es gibt gute und schlechte Vertreter der gleichen Gattung.

Doch wie war das in der Zeit, von der ich hier hauptsächlich erzähle? Wie kam der Kindergourmet der 60er und 70er an seine Fritten? Am elterlichen Mittagstisch gab es sie nicht, denn die Fritteuse war damals noch ein – um es vorsichtig zu sagen – exotisches Haushaltsgerät. Weil Frittenfett zu nichts mehr zu gebrauchen war (der Geruch!), verzichtete Mutter auch auf die einfache Frittiertätigkeit im Kochtopf. Auf gut Deutsch: Fritten gab es selten. Zu Hause quasi nie. Zumal Vaters eindeutiger Favorit die gemeine (aber auch gute) Bratkartoffel war.

Fritten waren für die Kinder der 60er Jahre stets ein Ereignis. In meinem Heimatort gab es eineinhalb Frittenbuden. Die eine wurde von einer älteren Dame betrieben und hatte die ungute Eigenschaft, immer dann geschlossen zu sein, wenn man gerade Frittenhunger hatte und die Eltern die unverantwortliche Ausgabe von 50 Pfennigen für eine kleine Portion Fritten (mit Senf, der im Unterschied zur Mayo nichts kostete) genehmigt hatten.

Die andere Frittenquelle war eine kleine Küche, die im

Seitentrakt eines Lebensmittelgeschäftes im Ort untergebracht war. Einziger Zugang für Kunden war ein Schiebefenster in etwa 1,20 Meter Höhe, durch das man seine Bestellung aufgab und durch das eine Zeit später die begehrte Ware gereicht wurde. Natürlich in spitzen, fettfleckigen Papiertüten, denn Frittenschalen aus Pappe waren in den späten 60ern noch unbekannt.

Letztgenannte Frittenquelle war in punkto Öffnungszeiten zuverlässig und in der bemessenen Frittenmenge großzügig. Leider gab es ein gewichtiges Manko: Durch ihre Lage unmittelbar am großen Werkstor der ortsansässigen Chemiefabrik war sie Anlauf- und Ankerpunkt zahlreicher Schichtarbeiter, die in der Pause einfach mal »paar Pommes« einwarfen. So musste man zwischen den vielen Arbeitern im Blaumann manchmal eine halbe Stunde auf die geliebten Fritten warten – und das behagte dem Kindergourmet gar nicht. Außerdem musste man sich nach dem Erhalt der Fritten sehr sputen, damit sie noch warm waren, wenn man sie heimbrachte. Denn damals galt auch die Regel: »Auf der Straße isst man nicht.« Klare Absage an die To-go-Kultur, die ein halbes Jahrhundert später Mode werden sollte.

Ein anderer willkommener Anlass, um in den Genuss von Fritten zu kommen, war die zweimal im Jahr stattfindende Kirmes. »Kleine Fritten« (also die kleine Portion) kosteten dort 50 Pfennige, »große Fritten« 1 Mark. Schon Wochen vor der Kirmes fing ich an zu sparen. Und das, obwohl es Kirmesgeld gab. Aber davon gingen 4 oder 5 Mark für die Zehnerkarte am Autoscooter drauf. Für die übriggebliebene Mark gab es noch vier Fahrten mit der Raupenbahn.

Bei der Patentante »beantragte« ich ebenfalls Kirmesgeld. Die Gute war Kriegerwitwe – ein Wort, dessen wirklichen Sinngehalt ein Kind von zehn Jahren kaum ermessen kann. Dass sie es schwer hatte, auch finanziell, war mir damals nicht geläufig. Sie hegte und pflegte mich wie ein Enkelkind, sodass bei ihr weitere 2 Mark Kirmesgeld heraussprangen. Also: fünf Lose an der Losbude und zehn Schuss an der Schießbude. Dann blieben immer noch 50 Pfennige für einmal »kleine Pommes«.

Gut war, wenn ich es schaffte, aus eigener Kraft noch 1 Mark aufzubringen. Denn dann hatte ich für alle drei Kirmestage (Samstag, Sonntag, Montag) 50 Pfennige für je eine Portion zusammen. Der Frittenbedarf für die nächste Zeit war gedeckt.

Leider nutzten sehr viele im Ort diese seltene Gelegenheit, weshalb man sich an der Frittenbude meist in einer langen Schlange wiederfand. Aber das Verlangen nach den in leicht angeranztem Fett frittierten Kirmesfritten war einfach zu groß. Zudem zog man – wenn man einmal in der Schlange stand – die bewundernden Blicke der anderen Kinder auf sich, deren Barmittel nicht für den Kauf von Fritten reichten.

Sonntags litt die Qualität der Fritten enorm. Da der Andrang am späten Nachmittag am größten war, verblieben die Kartoffelstäbchen leider recht kurz im Fett, denn auch hier galt: »Zeit ist Geld«. Gelb und fetttriefend nahm ich sie entgegen und überlegte enttäuscht, ob ich mir das Ganze am nächsten Tag noch mal leisten sollte. Aber am Montag setzte sich die Frittenlust durch, und es wurde selbstverständlich die dritte und letzte Kirmesportion Fritten erstanden. Weil montags am wenigsten

Andrang herrschte, die Rohware »wegmusste«, waren die Montagsfritten in Qualität wie Quantität mit Abstand die besten.

Fritten waren in den 60ern und frühen 70ern »auf dem Dorf« also noch etwas Besonderes. Irgendwann in den 70ern änderte sich das. Die fahrbaren »Frittenbuden« verschwanden nach und nach, dafür öffneten immer mehr sogenannte »Imbissbuden« im Erdgeschoss ortskernnaher Immobilien. Irgendwann war es dann auch mal mit der kinder- und taschengeldfreundlichen 50-Pfennig-Portion vorbei.

Wir wurden älter, die finanzielle Ausstattung besser. Und statt »kleinen Fritten« für 50 Pfennige mit einem kostenlosen Klacks Senf bestellten wir als Jugendliche im Imbiss unseres Vertrauens eine Portion »80-10-10«. Für Nichteingeweihte: Es handelte sich um eine Portion Pommes für 80 Pfennige mit Mayonnaise und Ketchup für je 10 Pfennige. 80 Pfennige, das wären heute gut 40 Cent. Kaum zu glauben, dass es dafür mal eine veritable Frittenportion gab.

Aber das hatte die gemeine Fritte schon immer an sich: Sie zählt zu den gerechtesten Nahrungsmitteln. Fast jeder mag sie und fast jeder kann sie sich leisten. Ich kenne jemanden, der den schwierigen Weg zur ersten Million schon lange hinter sich hat, und auch er bekennt sich offen zur Fritte. Ihm geht es in jeder Beziehung gut, wenn man davon absieht, dass er immer noch nicht »die Richtige« gefunden hat.

Dieser Bekannte sagte mir einmal: »Die Leute meinen immer, ich würde den ganzen Tag Champagner und Rotwein trinken und ansonsten nur von Lachs, Kaviar und

Hummer leben. Wenn ich ehrlich bin, mag ich das alles nicht.« Ich fragte ihn, was er denn gerne esse, und er antwortete mit großer, überzeugender Ehrlichkeit: »Am Wochenende fahre ich fast immer in den Nachbarort. Da gibt's eine Imbissbude. Der Inhaber stellt seine Wurst selbst her, weil sein Vater Metzger ist. Und dann gönne ich mir eine Bratwurst, eine große Portion Pommes und das Ganze mit Spezial.«

»Spezial« kennt man, wenn man nahe der Niederlande lebt: Mayo, Curryketchup und feingewürfelte rohe Zwiebeln begleiten dann in unnachahmlicher Weise die Pommes und die Wurst. Genau diese verlockende Gaumenfreude macht es möglich, dass ein Bentley an einer Imbissbude vorfährt und ein jeansbehoster Mittvierziger eine »Bratwurst mit Pommes Spezial« ordert. Das schafft wirklich nur die Fritte.

Apropos Niederlande. Wie die Belgier pflegen die Niederländer eine gewisse »Frittenkultur«. Mich verschlug es mal in eine gut beleumundete Frittenschmiede direkt »über der Grenze«. Wir hatten Glück, dass das gastliche Haus noch gut fünfzehn Minuten geöffnet hatte, und selbstverständlich erhielten wir jeweils einen großzügig gefüllten Teller Fritten Spezial. Außer uns gab es keine weiteren Gäste mehr, weshalb wir uns ziemlich wunderten. Denn was machte der junge Mann an der brodelnden Ölwanne? Er fing an, Fritten zu frittieren, als gäbe es kein Morgen.

»Ey, für wen sollen die denn sein?«, fragte einer an unserem Tisch, der den jungen Mann wohl kannte. Die Antwort kam prompt: »Weiß ich nicht, aber wir machen unsere

Fritten selbst aus frischen Kartoffeln und ich muss jetzt für morgen vorfrittieren.«

In diesem Moment habe ich mir die Adresse und die Öffnungszeiten der Lokalität sofort eingeprägt. Das ist eine goldene Regel für den Gourmet: Gute Adressen muss man sich merken. So wie früher die Kirmestermine ...

Backstubengeschichten

Wie gut hat man es als Kindergourmet, wenn einer der besten Schulfreunde ein Bäckersohn ist!

Die Bäckerei lag auf dem Weg zur Schulbushaltestelle und ich holte meinen Freund jeden Morgen ab. Da der Ein- und Ausgang zum Haus durch die Backstube führte, öffnete sich mir früh die wunderbare Welt der Backwaren. Dass meine Eltern die Brötchen dieser Bäckerei favorisierten, war dabei natürlich von Vorteil. Gleichzeitig erhielt ich durch die Freundschaft zum Bäckersohn viele Einblicke, von denen ich heute als leidenschaftlicher Hobby-Brot- und Brötchenbäcker immer noch zehre.

Wenn ich über den kiesbedeckten Hof der kleinen Bäckerei schritt und die zementgrau gestrichene Holztür zur Backstube öffnete, da betrat ich ein Reich mit vielen seltsamen und reichlich nostalgisch anmutenden Geräten. An der Stirnwand das Prunkstück einer jeden Backstube: der große Ofen aus den 1930er Jahren. Mehlstaub hing in der Luft, bei einfallendem Sonnenlicht noch deutlicher erkennbar. Warm war es in der Backstube sowieso und verlockend roch es dort eigentlich immer. Denn nichts – jeder bemühe seine eigene Erinnerung – ist in seiner Geruchswirkung verlockender als ein frisches Brot.

Das Brot- und Brötchenbacken erscheint mir ohnehin als eine spezielle Form der Magie. Es kann sich doch nur um Zauberei handeln, wenn man das Feingemahlene eines Getreidekorns in eine Schüssel gibt, es behutsam mit Wasser, Hefe, Salz und vielleicht etwas Malz mischt und durch eine wunderbar systematisierte Krafteinwirkung, die mit dem Verb »kneten« sehr treffend beschrieben ist, in einen anderen Aggregatzustand bringt, nämlich einen elastischen, geschmeidigen, feuchten, aber nicht mehr klebenden.

Nur der Zeit, der emsigen Tätigkeit der Hefekulturen und dem Einfluss moderater, aber wohliger Wärme ist es zu verdanken, dass dieser Teigkloß wie von Zauberhand beträchtlich an Volumen zunimmt. Wenn dann im Ofen bei etwas über 200 Grad in Folge der eintretenden Maillard-Reaktion eine goldbraune oder braune oder gar schwarzbraune Kruste entsteht, während im Inneren die Krume ihre ebenso stabile wie lockere Struktur erhält, dann ist nach etwa einer Stunde das Brot fertig. Man hält ein Nahrungsmittel in Händen, für das es keinen Vergleich gibt und das fast in der gesamten Welt völlig zu Recht ein Grundnahrungsmittel ist.

Nun sah der Vater meines Schulfreundes so gar nicht wie ein Magier aus. Die fein schwarz-weiß karierte, mehlbestäubte und auch etwas abgetragene Bäckerhose sowie das kurzärmelige Feinripphemd ließen ihn nicht wie einen Zauberer wirken. Erst recht nicht, wenn er in einer der knapp bemessenen Pausen vor der Backstubentür eine Eckstein ohne Filter rauchte. Aber der Mann konnte backen. Und seine Produkte sagten dies ebenfalls aus: Hier ist ein Meister am Werk.

Nichts gegen die geringfügig Beschäftigten, die in den heutigen Backstationen früh morgens ihre Fleißarbeit erledigen. Aber warum wird dort von Ungelernten eine Tätigkeit verrichtet, die zu meiner Schulzeit noch ein Bäckermeister leistete?

Für mich jedenfalls war der Tag schon gerettet, wenn mein Schulfreund und ich kurz nach 7.00 Uhr durch die Backstube zur Schulbushaltestelle liefen. Denn unmittelbar davor hatte der Vater in den Korb mit den gerade der Hitze des Backofens entkommenen Brötchen gegriffen.

Es war ein Fest! Zuerst pulten wir die heiße, noch dampfende, restfeuchte Krume aus der goldbraunen Hülle und verspeisten sie genussvoll. Erst im Bus zum Gymnasium in der Stadt vertilgten wir die knusprigen Überbleibsel. »Ihr krümelt mir die ganzen Sitze voll«, beschwerte sich mehr als einmal der Busfahrer, aber wahrscheinlich war sein Ärger nur dem Neid geschuldet, dass er kein solch leckeres frisches Brötchen in seiner Frühstücksdose hatte.

Eine Dorfbäckerei anno 1970 hatte – man mag es sich heutzutage kaum vorstellen – nicht jeden Tag das Vollsortiment zu bieten. Das konnte und wollte der Bäcker nicht leisten. Und die Kunden waren so gut erzogen, dass sie die begehrten Waren dann kauften, wenn es sie im Laden gab. Entsprechend wenig wurde in solchen Bäckereien weggeworfen. Brot vom Vortag zum halben Preis, das war damals undenkbar.

Montags hatte die Bäckerei geschlossen. Warum sollte man am Montag Brot kaufen, wenn ohnehin die Reste vom Sonntag auf dem Speiseplan standen? Gemeint sind die Bratenreste und die Überbleibsel von der Kaffeetafel, also vor allem Kuchen.

Am Montag wurde in der Backstube Schwarzbrot gebacken, bestes rheinisches Schwarzbrot. Es roch intensiv nach Roggen und Sauerteig. Auch der Duft, der beim Backen und danach aus der Backstube strömte, war herzhafter als sonst. Dann wurden die länglichen schweren Schwarzbrotlaibe, die fast schwarz glänzten, in die Regale des Lagerraums gebracht. Dieser Lagerraum lag zwischen Backstube und Wohnhaus des Bäckers. Wie oft bin ich durch diesen Raum gegangen … Ich erinnere mich gut an die schwere eiserne und wunderbar altmodische Brotschneidemaschine. Auf ihr wurde am Mittwochvormittag, nach fast zwei Tagen Lagerzeit, das Schwarzbrot geschnitten. Auch bei diesem Bäckereierzeugnis waren Zeit und Geduld unbedingt wichtige Zutaten.

Die Bewohner meines Heimatortes wussten, wann der Bäcker es im Sortiment hatte: »Heute ist Mittwoch, da gibt es Schwarzbrot.« Es war in gleichmäßig dünne Scheiben geschnitten und in spezielles Schwarzbrotpapier mit Stanniolbeschichtung eingeschlagen – das Paket jeweils zu einem Pfund. Und so hörte man den Satz »Ein Pfund Schwarzbrot, bitte« mit Abstand am häufigsten am Mittwoch in dieser Bäckerei.

Mittwochs und donnerstags widmete sich der Bäcker den sogenannten »Teilchen«, kleinen leckeren Kuchenstücken. Im Standardsortiment befanden sich unter anderem Linzer Schnitten, Nussecken und Amerikaner. Die Amerikaner waren mit 30 Pfennigen durchaus eine Alternative zu Süßigkeiten, wenn man als Kindergourmet mal drei Groschen in der Hosentasche hatte. Das war bei einem Kind von neun, zehn, elf Jahren aber eher selten der Fall.

Immer wenn der Bäcker Nussecken und Linzer Schnitten herstellte, war uns – seinem Sohn und mir – ein Ausflug ins Schlaraffenland beschert. Die Grundlage beider Leckereien wurde auf großen Backblechen gebacken und danach vom Bäckermeister fachkundig zugeschnitten. Was übrig blieb, waren viele, sehr viele, unglaublich viele Teigränder. Die braun gebackenen »Randstreifen« waren mit spürbaren Resten von Aprikosenmarmelade (Linzer Schnitten) oder Haselnussmasse (Nussecken) versehen. Sie wanderten allesamt in einen großen, sauber beschichteten Blecheimer. Darin sammelte der Bäcker die ganzen Backreste, mit denen er nichts mehr anfangen konnte. Aus der Nachbarschaft kam zum Ende der Woche ein Mann und holte den Inhalt ab. »Der hat Hühner«, hieß es dann. Ja, so war es ein Vierteljahrhundert nach Kriegsende noch. Da wurde alles verwertet. Doch zuvor hatten wir im Eimer für eine gewisse Auslese gesorgt und die besten der frischen Teigstreifen für uns aussortiert. Lecker! Zumindest für Kindergourmets. Sollten die Erwachsenen doch die Teilchen kaufen. Wir hatten da Besseres, nämlich etwas ganz Exklusives, was sonst keiner bekam. Außer eben ein paar Hühnern. Aber die zählten ja nicht.

Den Vater meines Schulfreundes sah ich eigentlich nur in der Backstube. Arbeitend. Nachmittags oder frühabends lag er oft schon im Bett, weil der Wecker wieder mitten in der Nacht klingelte. Bäckerleben eben. Was die Hände des Bäckers nicht schafften, das übernahmen einige wenige Maschinen. In dieser Backstube habe ich erstmals hautnah die Bedeutung des Wortes »Handwerk« begriffen. Da waren Hände am Werk.

Heute gewinnt die Backindustrie immer mehr Oberhand über das alte Bäckerhandwerk. Die maschinell erzeugten Produkte mögen optisch perfekter sein. Qualitativ okay. Ja, vielleicht. Aber wenn ich die Backfilialen in den Supermärkten sehe und wie es dort zugeht, dann fehlt sie mir wirklich: die Magie der kleinen, mehlstaubigen Backstube und die unerreichte Qualität des guten alten Bäckerhandwerks.

Die unvergessene Eistafel

Wenn das rot-weiß gestreifte Fähnchen mit dem hellblauen Oval im Wind wehte und wir Kinder den Schriftzug »Langnese Eiskrem« lasen, dann öffnete sich für uns eine Pforte des Paradieses. (»Krem« ist übrigens die veraltete deutsche Schreibung des Wortes »Creme«.)

Da wir Kinder der 60er und 70er Jahre selten über ausgeprägte Barmittel verfügten, war das Studium der Langnese-Eistafel immer ein ambivalentes Vergnügen. Zum einen gab es so viele leckere Eissorten, die es verdienten, von erprobten Kindergourmets fachkundig getestet zu werden. Zum anderen mussten die finanziellen Möglichkeiten mit den angebotenen Eissorten stets abgeglichen werden, was häufig zu unbefriedigenden Ergebnissen führte. Diese intensive Beschäftigung mit der Eistafel sorgte dafür, dass ich sie heute noch, ein halbes Jahrhundert später, mehr oder weniger auswendig aufsagen kann.

Ein Zehnjähriger hatte in den späten 60ern, den frühen 70ern in der Regel noch kein Taschengeld. Das gab es meist erst ab vierzehn, in manchen Elternhäusern ab zwölf. Barmittel mussten also anlassbezogen und somit formlos, aber dennoch mühsam mündlich »beantragt« werden. Die Kinder der 60er lernten daher schon früh schlagkräftiges und überzeugendes Argumentieren. Es sei denn, Opa/Oma wohnten ortsnah. Dann verkam die Fähigkeit, in überzeugender Weise (meist kulinarische) Bedürfnisse argumentativ vorzubringen.

Während Opa/Oma bereitwillig Geldmittel zur Verfügung stellten, wenn auch im kleinen Rahmen, war das bei den Eltern schon schwieriger. Sie vermochten meist nicht einzusehen, warum der junge Körper und der kindliche Geist nun Süßes, Eisiges oder Herzhaftes begehrten. Essen konnte man doch auch gut zu Hause (s. Kapitel 6). Opa/Oma wohnten in meinem Falle weit entfernt, sodass ich üblicherweise diese Ochsentour auf mich nehmen und bei den Eltern vorsprechen musste. An schlechten Tagen erhielt ich ein kategorisches »Nein«, vor allem dann, wenn eine zurückgegebene Mathe-, Englisch- oder Lateinarbeit weder bei Mutter noch bei Vater Begeisterung hervorrief.

An weniger schlechten Tagen stellten meine Eltern, vor allem Vater, zwar Geld zur Verfügung, jedoch nur unter einer ganzen Liste von Bedingungen. Diese reichte von »Erst werden alle Hausaufgaben gemacht und dann wird noch eine Stunde geübt« bis hin zum Abschluss von mündlichen und aus meiner Sicht grob sittenwidrigen Arbeitsverträgen, die heute als prekäre Beschäftigungsverhältnisse gelten würden. Sie enthielten Verpflichtungen zu Dienstleistungen wie Fahrrad putzen oder Rasen mähen inklusive Kanten schneiden, was damals natürlich reine Handarbeit war. Eine andere Aufgabe bestand darin, die mit »roter Asche« bestreute Einfahrt vom Unkraut zu befreien und danach fein zu rechen. Oder die schlimmste aller Arbeiten: das Kinderzimmer aufräumen.

Hatte ich endlich genügend Barmittel ergattert, konnte ich an der Langnese-Tafel entsprechend aufwärts wandern. Nirgendwo wurde soziales Prestige so deutlich wie beim Erwerb von Langnese-Eis. Jedes Kind kannte daher »Jolli«, eine einfache Stange Milcheis, die immer am Anfang der Liste stand. Also unten links auf der Langnese-Tafel.

Einen guten Kompromiss zwischen finanziellen Möglichkeiten und Wohlgeschmack stellten die Sorten »Capri« und »Split« dar. Ersteres war ein reines Fruchteis mit Orangengeschmack, das andere ein Vanilleeis im Fruchteismantel, wahlweise in den Geschmacksrichtungen Himbeer und Orange. Ein »Happen« bestand aus zwei Waffeln mit Fürst-Pückler-Füllung. Diese Sorte war bei uns Kindern weniger beliebt, weil das Gefrorene schnell schmolz und, anders als beim Eis am Stiel, dann über die Finger floss.

Die »höherpreisigen« Langnese-Sorten kamen nur sehr, sehr selten infrage. Gab es doch mal Gleichaltrige, die sich ein »Nogger« für 80 Pfennige oder gar ein »Cornetto« für 1 Mark leisten konnten, dann erhielten sie augenblicklich – wenn auch nur vorübergehend – einen besonderen Heldenstatus.

Tja, einmal »Ritter vom Nogger« oder »Prinz Cornetto«, das war schon was. Als ich mal im Rinnstein ein Markstück fand, habe ich das als Wink des Himmels aufgefasst und mir davon sofort ein »Cornetto« geleistet.

Welch eine Aufregung, als ich mit dem Markstück in der Hand in das Lebensmittelgeschäft eilte. Dort wachte Frau Esser, die Kassiererin, mit Argusaugen über die eisverkrustete Langnese-Kühltruhe. Eis gab es aber nur, wenn gerade niemand an der Kasse wartete. Denn der Selbstbedienungsgedanke war in den späten 60ern noch nicht so stark ausgeprägt, als dass man selbst in die Eistruhe hätte greifen dürfen.

Während ich meinen Wunsch äußerte, hoffte ich inständig, Frau Esser würde nicht genauer nachfragen. Gewöhnlich konnte ich ja nur bis maximal 50 Pfennige in Eis investieren. Und hoffentlich würde sie den »Cornetto«-Kauf nicht meiner Mutter petzen, die mit ihr häufiger ein Schwätzchen an der Kasse führte. Damals hatten die Kassiererinnen noch Zeit dazu.

Aber dann war es tatsächlich so weit. Frau Esser händigte mir den heiligen Gral der Langnese-Truhe aus: ein »Cornetto Nuss«. Ich bezahlte brav und rannte nach draußen. Flugs riss ich das Verpackungspapier ab und verspeiste genussvoll das bis dato teuerste Eis meines jungen Lebens.

Irgendwann war es geschleckt und mein Fazit lautete: Schmeckte eigentlich ziemlich normal und wenig spektakulär. Und das für 1 Mark. Dafür hätte ich vier »Jolli« haben können …

Es war ein besonderes Ereignis, als Langnese eine neue Eissorte vorstellte. Sie hieß »Cola Pop« und gehörte schnell zu unseren Favoriten, zumal diese Sorte mit 40 Pfennigen sehr kinderfreundlich kalkuliert war. Zudem lockerte sie den sonst eher restriktiven Umgang mit der braunen Koffeinbrause auf, denn Kinder hörten damals oft von ihren Eltern: »Cola ist schädlich!«

Im Jahr 1972 gab es dann tatsächlich einen »Olympiabecher«, der ebenfalls für 1 Mark zu haben war. Ein solcher wurde mir in der Familie eines Klassenkameraden angeboten und ich nahm dankend an. Der Becher war sogar richtig lecker. Wer sich an die Olympiade 1972 in München erinnern kann, der weiß aber auch, dass gerade diese Spiele den hässlichen Beigeschmack terroristischer Gewalt erhielten. Die unbeschwerte Fröhlichkeit der Olympiade 1972 war hinüber. Und das Eis verschwand schnell wieder von der Bildfläche.

Aber generell war das Eis der Firma Langnese ein unverzichtbarer Begleiter unserer Kindheit und Jugend. Dieses Eis aß man immer gerne. Über die verschiedenen Sorten konnte man lange fachsimpeln, denn jeder konnte mitreden. Nicht zuletzt definierten sich darüber auch Ansehen und Prestige von Kindern und Jugendlichen. Also ein echtes Statussymbol.

Zudem war das Eis sehr sozialverträglich. Mein erstes »Jolli« kostete 1966 ganze 20 Pfennige, was heute 10 Cent wären. Das fiel mir im Sommer ein, als ich im italienischen Eiscafé meines Vertrauens für zwei Kugeln auf dem Hörnchen 2,40 Euro bezahlte. Oder um es im sparsamen Denken der 60er auszudrücken: Fast 5 Mark!

Gartenfreuden, Gartengenüsse

Meine Eltern waren während der Kriegszeit aufgewachsen und in der Nachkriegszeit erwachsen geworden. Für diese Generation war es eine Selbstverständlichkeit, jeden Pfennig und jede Mark dreimal in der Hand umzudrehen. Erst recht, wenn man – wie meine Eltern – aus dem Osten kam und quasi bei null im Wirtschaftswunderland Deutschland (West) anfangen musste.

Ich war gerade vier, als meine Eltern mit mir in die neue Doppelhaushälfte einzogen (»Das ist jetzt unser Haus! Das erbst du mal!«). Sofort war klar, dass sie einen Nutzgarten anlegen würden. Natürlich, um dort tatkräftig Obst und Gemüse anzubauen, um Geld zu sparen und gleichzeitig gute, frische und gesunde Ware in die Küche zu bringen.

Beizeiten erhielt ich ein kleines »eigenes« Beet und einen Sandkasten. Und es gab Obstbäume, die mir als kleinem Kletteraffen sehr gefielen. Denn damals hatten die Grundstücke einen anderen Zuschnitt als heutzutage, wo man mühelos dem Nachbarn aus dem geöffneten Fenster heraus die Hand reichen könnte, ohne dass der dazu das Haus verlassen müsste.

Das war schon was: Mein Beet! Mein eigenes Stück Land im eigenen Garten. Toll! Das verstand ich schon als Fünfjähriger. Mein Vater übernahm in der ersten Zeit die Verwaltung der Parzelle und ich durfte mir etwas wünschen, was ich anbauen wollte. Da gab es einen kleinen Gaumenschmaus, den ich gerne auf einer Scheibe Brot sah: frische Radieschen. Die mochte ich, weil sie immer so schön rund, so appetitlich rot und innendrin so herrlich weiß waren. Gemeinsam mit Vater brachte ich die handlichen, weil großen Saatkörner der Radieschen in die sorgsam aufgelockerte feine Erde. Anschließend bestreuten wir sie mit etwas Torf und begossen das Beet mit nicht zu kaltem Wasser.

Schon nach einer Woche kündeten die ersten Keimlinge von dem, was da noch kommen würde. Und drei bis vier Wochen später gab es beim Abendbrot die erste Schnitte Brot mit appetitlich leuchtenden, rot-weißen Radieschenscheiben, die moderat mit Salz bestreut wurden. Lecker. Das mochte ich damals als kleiner Junge. Und das mag ich heute noch.

Für alle, die als unbedarfte Hobbygärtner erstmals ans Werk gehen: Radieschen funktionieren immer! Auch im Blumenkasten, auf dem Balkon. Frische Gartenradieschen sind solchen aus dem Supermarkt geschmacklich meilenweit überlegen. Ungefähr so, als wolle man einen Malt Whiskey mit einem stillen Wasser vergleichen.

Am Beispiel »Radieschen« begriff ich das Prinzip schnell: Im Garten kann man das anbauen, was man gerne hat. Etwas, was dann auch noch richtig gut schmeckt.

Das Leben in und mit dem Garten war – rückblickend gesehen – schön. Klar, ein Garten sorgt für eine Menge Arbeit, und manchmal ist die auch mit schweißtriefender Plackerei verbunden. Aber es ist ein Fleckchen Erde, das man ganz für sich hat. Das einen wunderbar entlohnt, wenn man es pflegt und sich bei der Kultur der Pflanzen anstrengt. Daher bin ich mit viel frischem Obst, Gemüse und Salat groß geworden.

Gerade Salat und Gemüse möchte ich bis heute nicht missen. Am liebsten frisch und direkt aus der Erde. Mein bevorzugter Markthändler baut die meisten heimischen Gartenfrüchte, die er verkauft, selber an und hat so mein Vertrauen und meine Sympathien erworben.

Für ein Kind gibt es kaum eine schönere Lernerfahrung als die des Nutzgartens. Gartenfläche, das ist meine Meinung, ist viel zu schade für Zementplatten, Rollrasen und pflegeleichtes Pseudogrün. Wer daran zweifelt, dem empfehle ich den Genuss des Rhabarbers im April, des ersten grünen Salats im Mai, der reifen Kohlrabi Anfang Juni, der frischen Erdbeeren und Stachelbeeren Ende Juni, der ersten Frühkartoffeln Ende Juli … Ich könnte die Aufzählung endlos fortsetzen und erst beim Grünkohl und Rosenkohl im Dezember beenden.

Erstaunlich war auch, dass mein ansonsten sehr konservativer Vater im Garten durchaus zu Experimenten neigte. Das führte oft zu unvergessenen Erfahrungen. Lange hatten wir im Garten einen Jostabeerenstrauch. Das war eine seinerzeit gefragte Kreuzung aus schwarzen Johannisbeeren und Stachelbeeren. Aus den Früchten zauberte Mutter nicht nur eine wunderbare Marmelade, sondern auch ihren unvergesslichen Streuselkuchen. Herrlich!

Als Kind mochte ich besonders den jungen Kohlrabi. Gerne auch roh, direkt vom Beet. Vor allem der blaue Kohlrabi hatte es mir angetan. Dass der beim Kochen grün wurde, machte überhaupt nichts. Der war einfach wunderbar im Geschmack und sehr zart. Oma hatte ein besonderes

Kohlrabirezept, das Mutter gerne übernommen hatte. Sie machte eine Art Königsberger Klopse, die mit vielen Kohlrabistückchen in einem Sud von Gemüsebrühe gegart wurden. Zum Schluss dickte sie die Soße mit Mehlschwitze an. Neue Kartoffeln dazu, kleingehackte feine Kohlrabiblättchen darübergestreut. Ein Festessen. Das war auch etwas für den Kindergourmet.

Und obwohl ich dem Eintopfessen eher abgeneigt war, liebte ich ein Gericht, das Mutter nur »Quer durch den Garten« nannte. Das gab es immer im Juni und Juli. Eine wunderbar leichte Gemüsesuppe mit den Möhrchen, die beim Vereinzeln aus dem Beet gezogen wurden, und den ersten Palerbsen mit dem klangvollen Namen »Kleine Rheinländerin«. Dazu die ersten Buschbohnen, neue Kartoffeln, Sellerieblätter (weil die Knollen noch nicht erntereif waren), Kohlrabi, manchmal auch dicke Bohnen und den ersten bleistiftdünnen Porree, der ebenfalls beim Vereinzeln angefallen war. Gleiches galt für die Petersilienwurzeln.

Als Fleischeinlage in diesem wunderbar schmackhaften Eintopf gab es – und das ließ mein Herz höher schlagen – tatsächlich Bockwürstchen. Suppenfleisch wäre dafür zu derb und zu kräftig gewesen. Vater nutzte die Situation, um mir ins Gewissen zu reden: »Ach guck, auf einmal kannst du Eintopf essen.« Wenn es im Juni zum ersten Mal im Jahr »Quer durch den Garten« gab, dann erwachte die frohe Gewissheit: Der Sommer ist da. Bald würden die Ferien beginnen.

Eine schöne Gartenarbeit, die ich zum Erhalt meiner bescheidenen finanziellen Mittel leisten musste, war im Sommer die Ernte der Johannisbeeren. Wir hatten Sträucher in allen drei gängigen Johannisbeerfarben: Schwarz, Rot und Weiß. Die Roten trugen immer reichlich, waren frisch und säuerlich. Ich mochte vor allem die Weißen. Sie hatten ebenfalls die frische Säure der Roten, aber auch ein wenig von der Würze der Schwarzen.

Ja, die Schwarze Johannisbeere war natürlich die Königin der Beeren und wir schätzten sie über die Maßen. Allerdings wurden Teile der Ernte ausschließlich für ein Produkt abgezweigt, das nun gar nicht für Kindergourmets geeignet war. Aber in den 60ern waren »Likörchen«, wie meine Patentante immer sagte, absolute Renner jeder gemütlichen gemischten Runde. Und am einfachsten und billigsten war es, die Liköre selbst herzustellen.

So gab es, dank der Schwarzen Johannisbeeren, auch reichlich vom sogenannten »Aufgesetzten«. Man goss eine Tasse Johannisbeeren und eine Tasse Zucker mit Korn (für damals 3,98 Mark) auf und ließ das Gebräu ein paar Wochen im Keller stehen. In Zeiten von Caipirinha, Hugo und Aperol Spritz eine schöne Erinnerung.

Dank des Aufgesetzten wandelte sich die Stimmung bei manchem Damenkränzchen im Laufe des Zusammenseins zu einer lange andauernden Fröhlichkeit. Militante Kinderschützer sollten jetzt schnell weghören, denn auch ich kam schon früh in den Genuss des Aufgesetzten. Wenn sich die Flasche allmählich neigte, dann durfte ich schon mal eine einzelne alkoholgetränkte Johannisbeere »probieren«, die Mutter mir wohlwollend überließ. Statt des Hinweises »Alkohol schadet der Gesundheit« hieß es dann nur: »Sag Papa aber nix.«

Freud und Leid lagen besonders bei einer Gartenfrucht nah beieinander. Die Rede ist von der Kartoffel. Die Vorbereitung des entsprechenden Beetes, um die Pflanzkartoffeln darin zu versenken, das war Gartenarbeit der schweren Sorte. Das war Vaters Aufgabe. Waren die Kartoffeln endlich gesetzt, hatte Vater »Rücken« – und vor allem schlechte Laune. Manchmal sogar miserable Laune. Als ich später diese Aufgabe übernahm, wusste ich warum.

Wenn irgendwann im Mai die ersten Triebe vorsichtig aus der feinen Gartenerde lugten, dann schaute Vater immer den Wetterbericht nach den Nachrichten. Er beratschlagte sich mit Mutter und es fielen dabei Worte wie »Eisheilige« und »Kalte Sophie«. Die Kartoffeln durften eben nicht den gefürchteten späten Nachtfrösten zum Opfer fallen.

Waren die Triebe weit genug gediehen, wurde gehäufelt. Dazu gab es ein Gartengerät, das nur dieses eine Mal im Jahr zum Einsatz kam. Ende Juni/Anfang Juli folgte dann die schönste aller Gartentätigkeiten, die sich bei den mittelfrühen Sorten im August nochmals wiederholte: die Kartoffelernte. Das machte Spaß, weshalb ich in diesem Fall die vergleichsweise schwere Arbeit nicht spürte. Ich durfte assistieren und war glücklich, denn die Kartoffelernte hat sehr viel von Schatzsuche. Man wühlt in der Erde nach goldenen Nuggets. Ich war stets glücklich, wenn ich sie reichlich und in veritabler Größe fand.

Mein Vater hatte wohl ein gutes Händchen für Kartoffeln, weswegen die Nachbarn gerne mit ihm frotzelten. Dabei bemühten sie die älteste aller Redensarten über die Kartoffeln und ihre Anbauer. Vater focht das nicht an. Solange die Kartoffeln so dick waren, konnte er den nachbarschaftlichen Spott vom »dümmsten Bauern« locker wegstecken. Ich hingegen verlegte mich auf das Suchen von skurrilen Kartoffelformen. Es gab in der Tat Knollen, die wie ein Herz geformt waren oder wie ein Tier. Diese Exemplare kamen sogar in eine Extrakiste.

Am Abend standen dann sämtliche Holzkisten, prall gefüllt mit frischen Kartoffeln, auf der Terrasse und alle Haushaltsmitglieder, außer der Katze, waren glücklich, stolz und zufrieden. Mutter bereitete aus den ganz kleinen Knollen, die man nicht würde einlagern können, Bratkartoffeln. Sie briet sie in Butterschmalz und bestreute sie mit Salz. Mehr brauchte es nicht. Und dann, dann waren auch die Pommes vergessen.

In einem Jahr hatten wir sehr viele Kartoffeln angebaut. Wir schlichteten das Kraut auf einen Haufen und dann erzählte mir Vater, wie es damals war, als die Kartoffelfeuer auf den Feldern brannten. Er war in den 30er Jahren groß geworden, zu jener unheilvollen Zeit, als die Kartoffelernte die »Volksernährung« sicherstellen musste. Im Herbst bekamen die Landkinder »Kartoffelferien«, um bei der Feldarbeit zu helfen. Am Ende der Ernte entzündeten die Bauern das vertrocknete Kartoffelkraut und die Kinder brieten sich im Feuer die Knollen, die noch auf dem Acker liegen geblieben waren.

Vierzig Jahre später verbrannten auch wir das Kartoffelkraut in unserem Garten. Für mich und zwei Klassenkameraden war es ein beeindruckendes Erlebnis, die Kartoffeln nach geraumer Zeit aus dem verglimmenden Feuer zu klauben. Wir entfernten die Ascheschicht, gaben etwas Salz auf die dampfenden Kartoffeln und verspeisten sie noch auf dem Beet. Sie waren glühend heiß und ich musste höllisch aufpassen, um mir weder die Finger noch den Mund zu verbrennen. Aber an den puren, intensiven Kartoffelgeschmack mit dem Raucharoma des Kartoffelfeuers erinnere ich mich bis heute. Und ich kann verstehen, dass Vater ihn nie vergessen hat, auch wenn wenig später für Deutschland und für ihn dunkle Zeiten anbrachen. Aber das ist eine andere Geschichte, für die die Kartoffeln nun mal nichts konnten.

Unser Garten bot nicht nur ein Füllhorn bester Produkte, sondern auch eine Unzahl von Erfahrungen und Geschichten. Und wenn heute eine junge Familie die Möglichkeit hätte, einen Nutzgarten zu bearbeiten, dann würde ich nur dazu raten. Der eigene Garten steht für ein Stück besonderer Lebensqualität. Eine Qualität, die vor den Lohn die Arbeit gesetzt hat. Aber das muss ja nicht verkehrt sein.

Leckmuscheln, Schwimmbadwaffeln und anderes

Jede Zeit hat ihre Moden. Auch wir Kinder der 60er und 70er waren ihnen unterworfen. Klar, bei Anziehsachen und Frisuren allemal; allerdings nicht so stark wie heutzutage. Bei den Spielen war es ähnlich. Mal waren Knicker oder Murmeln angesagt, dann Rollschuhe, dann wieder Stelzen, dann wurde wochenlang nur Fußball gespielt, im Herbst ließ man Drachen steigen. Und so herrschte ständig Abwechslung.

Moden gab es aber auch beim »Lecker« – ein Begriff, der für »Süßigkeiten aller Art« stand. Was den Konsum von »Lecker« anging, so waren damals die Ernährungsmoralapostel noch nicht geboren, weshalb wir dieser Leidenschaft einigermaßen ungestört frönen konnten. Nur in punkto Menge und Häufigkeit schritten hin und wieder die Eltern ein.

Eine der beliebtesten Süßigkeiten war sicherlich der Nougatblock. Die rautenförmige Köstlichkeit bestand aus holländischem weißem Nougat mit Schokoladenüberzug. Für einen Groschen gab es einen einigermaßen großen Nougatblock im grünen, roten oder blauen Stanniolpapier. Jede dieser süßen Rauten war ein ultimativer Test für die noch jungen Zähne.

Man biss ein Stück ab und ließ den Nougat mit der Schokolade im Mund schmelzen. Auch wenn sich über die Art des Genusses streiten lässt und gute Zähne dafür unabdingbar waren, so blieben die »Nappos«, wie wir sie nannten, immer in aller Munde. Es gibt sie übrigens noch heute, aber ich habe lange schon keinen mehr gegessen. Eigentlich müsste ich die Erinnerung noch mal auffrischen …

Anfang der 70er schwappte eine kurze, aber heftige Woge durch das Kinderland. Eine neue Süßigkeit kam auf den Markt, der sich vor allem Mädchen widmeten: die Leckmuschel. Was heute fast schon ein wenig anrüchig klingt, war ein Naschwerk, das die Zungenfertigkeit arg forderte und förderte. Es handelte sich um Plastikschalen in Muschelform, die mit einer unglaublich süßen Bonbonmasse gefüllt waren. Die Masse schmeckte eigentlich nach nichts, sondern einfach nur süß.

Aber die Leckmuscheln hatten einen entscheidenden Vorteil gegenüber dem guten alten und stets geschätzten Dauerlutscher: Man konnte sie einfach mal auf die Seite legen. Das war unter anderem für dreizehn- oder vierzehnjährige Mädchen praktisch, wenn sie in den versteckteren Ecken des Spielplatzes oder der Schwimmbadliegewiese die an der Leckmuschel erworbene Zungenfertigkeit anderweitig ausprobieren wollten.

Da dieses Buch von kulinarischen Genüssen erzählt, wenden wir uns diskret ab und widmen uns einer weiteren interessanten Substanz, die immer gut ankam. Ihr ursprünglicher Zweck war es, sie in Wasser aufzulösen und zu trinken. Doch wir Kinder gingen diesen Umweg selten und naschten das Brausepulver direkt aus der Tüte. Die gute alte Ahoj-Brause – sie ist immer noch im Supermarktregal zu finden. Schon damals gab es mehrere Geschmacksrichtungen wie Orange, Zitrone und Himbeere, doch unsere ungekrönte Königin war die Waldmeisterbrause.

Eine Zeitlang waren auch sehr lange, mit Brausepulver gefüllte Strohhalme in Mode. Hierbei musste man ein Ende des Strohhalmes abbeißen und dann langsam das Brausepulver heraussaugen. Echte Kenner und Könner machten das so, dass Teile des Brausepulvers noch im Halm ersten Kontakt zur eigenen Spucke bekamen, sodass das Ganze beim Heraussaugen schon ordentlich prickelte. Im Grunde genommen eine ziemliche Sauerei, aber es schmeckte. Und es war ja die eigene Spucke. Kein Grund also, diese Leckerei zu verschmähen, zumal sie den unbestrittenen Vorteil hatte, sie niemals mit jemandem teilen zu müssen.

Angemerkt sei hier auch, dass wir uns fast ausschließlich Leckereien zuführten, die man einzeln kaufen konnte und die selten teurer als ein Groschen waren. In dieser Zeit waren wir wirklich Groschenkinder.

Schön war, dass wir viele Süßigkeiten lose kaufen konnten, besonders in den damals noch existierenden Tante-Emma-Läden. Diese wurden meistens von Frauen betrieben, die man getrost auch »Tante Emma« hätte nennen können. Dort kauften wir immer unsere Leckertüten. Kleine graue Spitztüten, die dann mit Lakritzschnecken, Lakritzpfeifen, Veilchenpastillen, Lutschern, Nappos und vielen anderen guten Sachen gefüllt wurden.

Manche Süßigkeiten waren sogar an eine bestimmte Lokalität gebunden. Unser Ort verfügte damals über ein komfortables Freibad, und dort gab es für 10 Pfennige etwas, was bei uns Kindern nur »die Schwimmbadwaffel« hieß. Die bekam man sicherlich auch anderswo, aber wir kauften und aßen sie grundsätzlich nur im Schwimmbad. Sie bestand aus sehr blassen, relativ weichen und – um ehrlich zu bleiben – recht geschmacksneutralen Waffeln, zwischen denen sich eine rosa-weiß gestreifte Schaummasse erstreckte. Die Enden der Waffel waren in Schokolade getaucht und erhielten dadurch einen Hauch von Luxus. Auch diese waren geschmacklich eher dezent, aber zumindest süß. Und trotzdem haben wir die Dinger gefuttert, als gäbe es kein Morgen. Sie waren einfach Kult.

In den Badepausen ging es hauptsächlich darum, seinen Sozialstatus zu pflegen. Und dazu diente die Schwimmbadwaffel vorzüglich, zumal man damit immer wieder Mädchen locken konnte. Wir warteten geradezu auf die Frage: »Lässt du mich mal beißen?« Womit natürlich gemeint war, ein Stück Waffel abbeißen zu dürfen. Dummerweise kam diese Frage meist von den dickeren Mädchen, während diejenigen, die in jeder Beziehung eine gute Figur machten, die süße Leckerei eher verschmähten. Es sei denn, die Waffel war das Mittel zum Zweck, dem Waffelbesitzer doch etwas näherzukommen.

Also: Die Waffeln waren in jeder Beziehung wichtig. Und wenn keine Mädchen im wörtlichen Sinne anbissen, dann gab es noch eine gute Alternative: Man aß die Waffel einfach allein auf. Auch nicht schlecht.

Kamelle

Der Rosenmontag bot eine willkommene Gelegenheit, auf legale und außergewöhnlich kostengünstige Weise den Süßigkeitenvorrat auf Wochen oder gar Monate aufzufüllen. Das Karnevalstreiben hatte für uns Kinder im Rheinland zu jener Zeit drei Vorteile.

Vorteil 1: Man durfte sich nach Herzenslust kostümieren. Bei den Jungs hieß das: Zwei Drittel kamen von den blauen Bergen, hielten rauchende Colts in den Händen und fühlten sich wie Hoss und Little Joe in einer Person.

Was wir darstellten, hörte sich in der damals noch weniger anglophilen Gesellschaft an wie »Koobeu«. Gemeint war natürlich der Cowboy. Der hatte nichts anderes zu tun, als seine Colts zu ziehen und den lieben langen Tag zu knallen. Das tat er übrigens auch bei der Kindersitzung im Ort, dem Höhepunkt des Kinderkarnevals. Warum dort ein Bühnenprogramm geboten wurde, erschloss sich mir nie, denn alles ging nahezu in der zwei Stunden andauernden Knallerei unter. Und das hatte seinen Grund.

Das übrige Drittel der Kostümierten bestand zum überwiegenden Teil aus dem ärgsten Feind des »Koobeus«, dem »Injaner« (wie der Indianer von uns ausgesprochen wurde). Die trugen keine Colts, sondern meist lange Gewehre. Was

Koobeus und Injaner einte, war einmal mehr die Mühe um den Sozialstatus. Die hochgeschätzten Repräsentanten beider Seiten knallten mit Zündplättchen in Plastikringen (die sogenannte Schreckschussmunition), während die weniger angesehenen mit den üblichen Zündplättchen auf gerollten roten Papierstreifen Vorlieb nehmen mussten. Letztere knallten leider längst nicht so laut wie die Schreckschussmunition.

Vorteil 2: Im Karneval war deutlich mehr erlaubt als zu anderen Tagen. Da wir noch nicht wussten, dass diese Regel auch oder gerade für die Erwachsenen galt, begnügten wir uns mit den Vorteilen, die uns Kindern geboten wurden. In den 60er und 70er Jahren zählte dazu beispielsweise, dass wir an diesen Tagen ungestraft Cola trinken durften. Während die Eltern ansonsten durchaus Vorbehalte hatten, war die Schädlichkeit der ingwerwürzigen Koffeinbrause zu Karneval wohl nicht gegeben.

Außerdem gab es zu Hause Schmalzgebäck bis zum Abwinken. Meine Mutter, ohnehin eine Meisterin des Hefeteigs, zauberte immer sehr leckere Berliner und Mutzen, letztere eine typische rheinische Spezialität.

Vorteil 3: Bei den Rosenmontagszügen gab es jede Menge Süßigkeiten. Und zwar umsonst! Das war zweifellos der größte Vorteil. Der Sinn oder Unsinn dieser Aufzüge erschloss sich uns Kindern zwar nicht, aber warum sollte man an Karneval philosophisch werden, wenn es plötzlich Kamellen regnete? »Kamelle« steht im Rheinland nicht etwa für »Karamellbonbon«, wie mein Vater, der aus dem Osten stammte, irrtümlich meinte. Sondern für »Süßes aller Art«.

Deswegen ging der Cowboy von Welt nicht nur bewaffnet zum Rosenmontagszug, sondern auch mit verschiedenerlei

Beuteln ausgestattet. Außerdem fügte es sich, dass der Rosenmontagszug im ansonsten eher ungeliebten Nachbarort um 14.00 Uhr startete, der im eigenen aber um 15.11 Uhr. Das erlaubte, gleich zwei Züge zu besuchen, um noch mehr Süßes zu ergattern.

Von den Zügen der 60er und 70er ist mir nur eine Attraktion in Erinnerung geblieben: eine große nachgebaute Rakete auf einem der Karnevalswagen. Das war zu der Zeit, als sich alle Welt im Apollo- und Mondfieber befand. Ansonsten habe ich mich nur auf das Wurfmaterial konzentriert.

Wenn ich dann müde vom Zug nach Hause kam, inspizierte ich als Erstes meine Beute. Sie bestand damals in der Regel aus Bonbons und Lutschern, die sich deutlich von der uns geläufigen Markenware unterschieden. Im zweiten Schritt folgte dann der Geschmackstest. Die verschiedenen Bonbontypen mussten durchprobiert werden. Und da bot der Karneval eine unentbehrliche Lektion fürs Leben: Wenn etwas umsonst oder kostenlos ist, muss es nicht automatisch gut sein. Rund die Hälfte der Karnevalsbonbons fielen unter die Kategorien »schmecken nicht« und »ungenießbar«. Von den besseren hatte man nur wenige erbeutet. Mist!

Die Bonbons wurden in alle verfügbaren Dosen gefüllt, die dann in den Leckerschrank kamen. Dummerweise begann zwei Tage später – am Aschermittwoch – die Fastenzeit, die im katholischen Rheinland damals noch eine gewisse Beachtung fand. Deswegen waren die Bonbondosen von Aschermittwoch bis Karfreitag (»Sonst kommst du ins Fegefeuer!«) tabu.

Zu Ostern durfte man endlich ran an die Karnevalsbeute.

Dumm nur, dass es dann schon die Osterleckereien gab. Beispielsweise die kleinen bunten Zuckereier mit der Zuckerwasserfüllung. Oder die Schokoladeneier mit diversen süßen Füllungen, von denen eine »Knickebein« hieß. Obgleich ich die Bedeutung nun gar nicht verstand, waren die Knickebein-Eier lecker. Dann gab es die sehr harten, aber auch durchaus wohlschmeckenden Krokanteier mit dem sogenannten »Blätterkrokant« und natürlich meine Favoriten: die Marzipaneier. Weniger gern hatte ich die »Osterspiegeleier«, das waren Süßigkeiten aus weißer und goldgelber Zuckermasse in Spiegeleioptik. Die Unterseite war mit einer dünnen Schicht Schokolade überzogen. Zwei solche »Spiegeleier« deckten den Zuckerbedarf des Körpers bis weit in den Sommer hinein.

Die Aufmerksamkeit für die Kamellen vom Karneval schwand an diesen Tagen beträchtlich. Im Mai waren die Kamellen schon reichlich alt. Und im Juni fragte Mutter: »Soll ich die wegtun?« Dann wurden die Bonbons »entsorgt«, begleitet von dem elterlichen Satz: »Eigentlich eine Schande!« Aber im Jahr drauf standen wir Kinder am Rosenmontag wieder am Straßenrand und warteten sehnsüchtig auf die Kamellen.

Der Leckerschrank

Das wichtigste Möbelstück für den Kindergourmet war, ist und bleibt jener Schrank, der den Leckereien, den Knabbereien und dem Süßkram vorbehalten ist. Oft lagern diese auch in einem abgegrenzten Bereich des Wohnzimmerschrankes oder der Anrichte im Esszimmer. Im kindlichen Fachjargon kurz: Leckerschrank.

Die Tür des Leckerschrankes wird häufiger als alle anderen Schranktüren in Anspruch genommen. Tagsüber von Kindern, abends von den Erwachsenen, die auf der Suche nach dem Geschmackskick sind. Jeder nähert sich diesem Schrank mit Vorfreude und in der Hoffnung, er möge das Verlangen nach Kartoffelchips, Salzstangen, Bonbons, Schokolade augenblicklich und nachhaltig stillen.

Bei uns zu Hause war es genau dieser Schrank, der die gesamte Statik des elterlichen Erziehungsgebäudes trug. Denn die Pforten des Leckerschrankes blieben – wenn ich mich recht erinnere – bei gegebenem Anlass für geraume Zeit verschlossen. Sei es nach unbefriedigend bewerteten Klassenarbeiten, frechem Verhalten Erwachsenen gegenüber, bei unaufgeräumten Schränken und Zimmern oder nicht geputzten Fahrrädern. Das Öffnen der Leckerschranktür musste verdient werden. Außerdem wurden die Leckermengen streng rationiert, weshalb ich mich manchmal in eine Zeit versetzt fühlte, als noch Lebensmittelmarken zum Erwerb der knappen Ware nötig waren.

Andererseits lockte der Leckerschrank vor allem dann, wenn beide Elternteile nicht zu Hause waren. Dummerweise hatte ich keine Geschwister, auf die ich das wunderliche Verschwinden mancher Leckereien hätte schieben können. Denn der Frevel im Leckerschrank blieb selten unentdeckt und ungeahndet. Heimliches Naschen führte somit zu sehr unerfreulichen Strafen.

Am besten war es, wenn im Leckerschrank eine bereits angebrochene Tafel Schokolade lag. Das fiel weniger auf und dann konnte man schon mal einen Riegel abbrechen, ohne dass eine Fahndung eingeleitet wurde. Eine gute Schule für raffiniertes und taktisches Vorgehen.

Im Leckerschrank der 60er und 70er Jahre befanden sich natürlich nicht nur Naschereien für Kinder. Unter anderem lag darin ein weißer Karton, der noch von Mutters Geburtstag übrig war und der leckere Früchte zeigte, wie Kirschen, Himbeeren und Birnen. Auch wenn in seinem Innern Schokoladenpralinen mit Nuss-Splittern lockten, war dieser Karton für mich tabu. Warum nur? Ansonsten hörte ich doch von meinen Eltern immer, Obst sei gesund.

Trotzdem kontrollierte ich regelmäßig die Packung, auf der übrigens »Edle Tropfen in Nuss« stand. Als sie etwa halb geleert war, konnte ich nicht mehr widerstehen und »mopste« eine der darin befindlichen Köstlichkeiten. Keiner bemerkte es, auch danach nicht. Meine Enttäuschung war jedoch groß. Besonders gut mundete es nicht, war irgendwie scharf und schmeckte überhaupt nicht nach Obst. Was die Erwachsenen daran nur so besonders fanden?

Auch Weinbrandbohnen befanden sich eine Zeitlang dauerhaft in unserem Leckerschrank, obwohl meine Eltern sie nie selbst kauften. Diese Pralinen, die so appetitlich in der goldfarbenen Schale glänzten, waren damals »das« Geschenk schlechthin, wenn man so gar nicht wusste, was man verschenken sollte. Und so kam vor allem mein Vater zu allen möglichen Gelegenheiten in den Genuss einer Packung Weinbrandbohnen, der guten Gabe für alle Fälle.

Ich selbst interessierte mich mehr für die grün-goldene Schokoladenpackung, die in den 70ern in aller Munde war. Wer würde jemals die »Novesia Gold-Nuss« vergessen? Jene Vollmilch-Nuss-Schokolade, die nie mit ganzen Nüssen geizte. Der Hersteller warb sogar mit einer konkreten Mindestanzahl von Haselnüssen im Produkt, sodass wir stets den Ehrgeiz hatten, sie in der Tafel zu zählen. Die Werbung hatte übrigens nie gelogen. Meist waren es sogar mehr Haselnüsse als versprochen.

Des Weiteren im Leckerschrank: Gelee-Bananen. Die gab es im Laden lose für 5 Pfennige das Stück. Das waren meine heimlichen Favoriten. Bedauerlich war nur, dass die elterlich genehmigte Tagesration auf genau ein Stück begrenzt war. Allerdings bestand ja immer die Möglichkeit, sich bei entsprechenden Barmitteln im Tante-Emma-Laden für zwei eigene Groschen vier Bananen zu leisten.

Und wie es sich für einen Leckerschrank jener Zeit gehörte, enthielt er natürlich auch die damaligen Bestseller der herzhaften Leckerfraktion: Salzstangen und gesalzene Erdnüsse. Das war es aber auch schon.

Größere Vielfalt bot der Schrank meiner Patentante, die sich als Kriegerwitwe die Stunden des Alleinseins hin und wieder mit Naschwerk versüßte. Für ihren Leckerschrank hatte ich so etwas wie Prokura. Aber: Bei ihren bescheidenen finanziellen Mitteln durfte ich es auch nicht übertreiben.

In Tantes Schrank fanden sich viele Klassiker der damaligen Zeit. Beispielsweise die weiß und rosa überzogenen Schokolinsen, die man im Mund behielt, bis sich der Zuckerüberzug auflöste und die geschmolzene Schokolade entwich. Hin und wieder gab es auch Schokokringel, die mit bunten Zuckerperlen bestreut waren. Gerne nahm ich die Himbeer- und Brombeer-Geleebonbons oder die in Zucker gewälzten, giftgrünen Eukalyptushütchen aus Gelee. Ebenfalls begehrt waren die zuckersüßen Kokosmakronen, die es in Weiß und Rosa gab.

Auch in der Schokoladenauswahl war die Tante geradezu vorbildlich. Aus finanziellen wie geschmacklichen Gründen bevorzugte sie die sogenannten »Schogetten«, die als glänzende Einzelstücke aus der Packung kamen. Die konnte man gut rationieren und zuteilen. Und so erhielt ich häufiger mal ein schokoladiges Einzelstück. Das kam bei mir immer gut an.

Um Weihnachten herum gefielen mir besonders die kleinen bunten Stanniolförmchen, die mit einer Art Schokolade gefüllt waren. Offensichtlich war es aber keine gewöhnliche Schokolade, denn auf der Packung stand irgendwas von »Moritz« und »Eiskonfekt«. Darauf konnte ich mir keinen Reim machen. Meine Tante klärte mich dann auf. Waren sie gut gekühlt konnte man schon süchtig danach werden. Wie hatte es später mal jemand formuliert: »Eiskonfekt ist der gelungene Versuch, 2.000 Kalorien in 1 Kubikzentimeter Schokolade zu packen.« Da ich als Kind das Wort »Kalorien« noch nicht kannte, war mir das egal. Hauptsache, so etwas gab es in Tantes Leckerschrank.

Und auch Salzstangen, die für 25 Pfennige pro Tüte zu haben waren, lagerten dort fast immer. Während Vater die mir gewährten Salzstangen gerne mal abzählte und wegen einer offensichtlichen Rechenschwäche nie über zehn hinauskam, hatte ich bei der Patentante freie Bahn. War die Packung dann halb geleert, schritt sie beherzt ein: »Lass dir auch noch was für morgen.« Das war ein gutes Argument und bot Perspektiven für die Zukunft. So, wie sich das für einen ordentlichen Leckerschrank gehörte.

Das Zeug (oder: Warum Italienisch die klangvollere Sprache ist)

»Jupp, wat säst du da?« Vater richtete seine Frage lautstark in Richtung des Nachbarn. »Och, die Tüte habe ich im Keller gefunden. Dat is' so 'ne Art Salat. Wat steht da drauf? Rauke!« Mein Vater, der in Sachen Salatanbau jahreszeitlich orientiert war, sah ihn stirnrunzelnd an. Er kannte nur Kopfsalat und Endiviensalat. Den einen gab es im späten Frühjahr und im Sommer, den anderen im Herbst und im Winter. Außerdem spielten Gurken und Buschbohnen eine veritable Rolle als Salatlieferant, von den Tomaten aus dem eigenen Garten ganz zu schweigen.

»Was ist das denn für Zeug?«, fragte Vater, zu dessen Lebensart ein gewisses Mindestmaß an Grundskepsis gehörte. »Na, Rauke«, wiederholte der Nachbar, »aber ich muss meine Frau noch mal fragen.« Damit ging er auf Nummer sicher, weil ihm bekannt war, dass die Frauen auch schon mal etwas wussten, und wenn sie es nur besser wussten. Aber aussäen konnte man ja schon mal.

Der Nachbar säte also anno 1972 eine Salatpflanze mit dem Namen »Rauke« aus. Wie der Samen in seinen Besitz gekommen war, blieb zunächst unklar.

Irgendwann ging der Samen tatsächlich auf. »Ach was«, kommentierte mein Vater, »das ist kein Salat, das ist Unkraut.« Der Nachbar zögerte. Mein Vater schien das Aussehen der jungen Pflanzen treffend beschrieben zu haben. Da sich das »Unkraut« allerdings im Beet in Reih und Glied präsentierte, konnte es schon sein, dass es das Ergebnis der Aussaat war. Inzwischen war auch der Ursprung des Samens geklärt. Ein wohlmeinender Kollege hatte das Samentütchen mit der Abbildung einer appetitlich grünen Pflanze und der Aufschrift »Senfrauke« in Jupps Hände gegeben. »Der Kollege ist gerade in Kur«, brachte uns der Nachbar auf den neuesten Stand in Sachen des mysteriösen Salats. »Wenn der wieder zurück ist, frage ich ihn mal, was man damit macht.«

Das »Unkraut« wuchs, ja wucherte fast, und zeigte einige Wochen später schon erste Blütenansätze. Jupps Kollege war noch immer nicht bei der Arbeit erschienen. Zum Leidwesen unseres Nachbarn und meines Vaters stand in der damaligen »Bibel« aller Haus- und Hobbygärtner, in »Gärtner Pötschkes Großem Gartenbuch«, nichts über Rauke. Das steigerte die Skepsis weiter. Unterdessen wuchsen schon erste Knospen.

Nun weiß der versierte Hobbygärtner, dass bei vielen Pflanzen Erntezeit angesagt ist, wenn erste Blütenstände erscheinen. Folglich begann der Nachbar, den vielgepriesenen neuen Salat zu ernten. Mein Vater, als einer der emsigsten »Berater« in dieser Angelegenheit, erhielt ein großzügiges Deputat.

Am Mittag – ich erinnere mich nicht mehr, was Mutter gekocht hatte – gab es als Beilage Salat. Vorsichtshalber hatte Vater einen kleinen Kopfsalat geerntet und Mutter angewiesen, diesen zuzubereiten und etwas von dem »Zeug«, wie er die Rauke liebevoll nannte, ebenfalls. Am Mittagstisch herrschte Spannung. In zartem Grün und Gelb lockte der Kopfsalat, daneben die feine Vinaigrette mit Zwiebelwürfeln und Dill. Die Vinaigrette wurde auch als geeignet empfunden, Nachbars Wundersalat – das »Zeug« – zu begleiten. Keiner traute sich an den mysteriösen Salat, bis Vater dann das Kommando übernahm und sich eine volle Gabel »Zeug« einverleibte.

Sein Gesichtsausdruck nahm ziemlich jäh unfreundliche Züge an. Er rannte aus der Küche hinaus, zum kleinsten Zimmer des Hauses, und spuckte – wie man es mit »Zeug« macht – das gesunde Grün in die Porzellanschüssel. Mutter probierte, ich probierte – beide sehr vorsichtig. Das »Zeug« war herb, die Blätter nicht sonderlich zart und leicht bitter. Ja, sie hatten auch einen nussigen Geschmack. Aber sollte das nun wirklich ein leckerer Salat sein? Wir waren uns schnell einig: Nein!

Vater hatte wohl (einmal mehr) recht behalten, das »Zeug« schmeckte nicht. Am Nachmittag kam dann heraus, dass der Nachbar ein relativ identisches Geschmackserlebnis hinter sich hatte.

Zwei Wochen später wurden wir endgültig aufgeklärt, als der Kollege des Nachbarn aus der Kur zurückkehrte und das Geheimnis der vermeintlichen Salatpflanze lüften konnte. »Ja, dat is' Rauke«, befand er und fügte hinzu: »Mir schmeckt dat!« Damit war er seiner Zeit, anno 1972, wohl weit voraus. Selten hat sich eine Gartenpflanze schneller auf Vaters »schwarzer Liste« mit dem Titel »Das brauchst du nicht mehr zu machen« wiedergefunden als die Rauke.

Diese Geschichte hatte ich bald vergessen, so wie man

unliebsame Erinnerungen schneller verdrängt als gute. Umso erstaunter war ich, als im Zuge der Italienisierung unserer Essgewohnheiten in den 1990er Jahren plötzlich ein neuer Hauptdarsteller die Bühne betrat: Rucola.

»Meine Frau und ich, wir sind süchtig danach«, schwärmte damals jemand aus meinem Bekanntenkreis. Als ich einmal dort zum Grillen eingeladen war, präsentierte der Kenner stolz den angeblich so abhängig machenden Salat. Ich hatte mit Rucola bis dahin keinerlei Berührung gehabt. So glaubte ich. Und ich gebe zu, ich war gespannt.

Mit großer Geste platzierte der Gastgeber den Salatteller vor mir auf dem Tisch und sprach: »Du weißt ja, erst gibt's die Antipasti!« Ich blickte auf den tomatenscheibengarnierten Wundersalat und sagte nur: »Ja, dat is' Rauke!«

Der Mensch lässt sich gerne vom großen Auftritt blenden. Daher wertet er die unkrautähnliche Rauke durch den klangvollen Namen »Rucola« auf. Natürlich hat sich unser Geschmacksempfinden zwischenzeitlich geändert, die Rauke, aka Rucola, vielleicht durch entsprechende Weiterzüchtung auch. Womöglich ist es aber nur der Hauch italienischer Lebensart, der den Rucola gegenüber der Rauke so viel genießbarer macht.

Ähnliches gilt meiner Meinung nach für den »Prosecco«. Das war einst eine ebenso unbedeutende wie geschmacklich zurückhaltende lokale Rebsorte, weshalb man daraus nie Weine, sondern nur billigen Schaumwein produzierte. Heute ist »Prosecco« ein Synonym für den »Champagner Italiens«, wie ich einmal las.

Mir fällt noch ein weiteres Beispiel ein: Wer in den 60er Jahren in einem deutschen Café einen Fingerhut starken Kaffees für den Preis eines ganzen Kaffeekännchens serviert hätte, dem wäre sicherlich alles um die Ohren geflogen. Aber einem »Espresso« verzeiht man die fehlende Quantität natürlich mit Grandezza. Es geht eben nichts über die mediterrane Lebensart. Und die klangvollen italienischen Namen.

Will

Will war ein Hüne und hatte den dicksten Bauch in unserem Dorf. Wenn er sich auf einen Stuhl setzte, so musste er die Beine immens spreizen, damit der Bauch zwischen den Oberschenkeln Platz fand, die dann fast im 180°-Winkel zueinander standen.

Will war ein einfacher und gutmütiger Mensch. Als Fabrikarbeiter führte er mit seiner Frau ein genügsames Leben. Nur in der Dorfkneipe nahe seiner Wohnung gab es keine Genügsamkeit, denn sowohl er als auch seine Frau sprachen gerne dem gehopften Gerstensaft zu. Seine Frau quarzte derweil eine Lord Extra nach der anderen weg. »Frauenzigaretten«, meinte Will verächtlich, »die merkste ja gar nicht.«

Deswegen verzichtete er bei Zigaretten auf Filter und erwies sich auch noch als Patriot, weil sein Herz (und seine Lungen) für badischen Tabak schlugen. Badische Zigaretten, das waren seine geliebten Reval ohne Filter. Wenn es die nicht gab, griff er auf die nicht minder starken Roth-Händle zurück, die ebenso aus der Badischen Tabakmanufaktur stammten. Ansonsten war Will zufrieden, wenn er sein gepflegtes Pils mit royaler Namensgebung und Duisburger Herkunft trinken durfte.

Nein, Will war kein Gourmet. Und als »Gourmand« hätte er sich auch nicht bezeichnet, allein deshalb, weil ihm dieses Wort nicht geläufig war. Der Bauch indes kam nicht von ungefähr. Da das Ehepaar eine Einliegerwohnung im Haus meiner Patentante bewohnte, erhielt ich als Kind viele Einblicke in Wills Genussleben.

Gerne ging er einem Metzgermeister im Ort zur Hand, der gleichzeitig ein guter Freund von ihm war. Die Hilfsarbeit im Schlachthaus entlohnte der Metzger in der Regel mit Naturalien. Das kam Will gelegen, denn nach dem Zwanzigsten eines jeden Monats gingen gewöhnlich die Barmittel zur Neige und es begann die Zeit, die Wills Frau immer so nett »Gummiwochen« nannte. »Was soll das denn sein?«, fragte meine Mutter einmal die Schöpferin des Begriffs. Und Wills Frau erklärte freimütig: »Gummiwochen, weil wir bis Monatsende ordentlich dran ziehen müssen …«

Eines Tages kehrte Will von der Hilfsarbeit beim Metzger mit einer Bauchspeckseite zurück. Mit dem Wirsing aus dem Garten und dem Bauchfleisch ließ sich doch ein herrlich deftiges Mittagessen zaubern. Allerdings hatte Wills Frau einen circa 5 Zentimeter breiten Speckstreifen vom Schweinebauch abgetrennt. »Zu viel Fett!«, hatte sie befunden. Will forderte aber, dass seine Frau diesen Speck zumindest mitkochen sollte.

Kurz vor Mittag fischte sich Will den wabbligen, weiß leuchtenden, glänzenden Speck aus dem Kochtopf, setzte sich auf die Bank im Hof und begann das schiere gekochte Fett zu verspeisen. Allen Betrachtern dieser Szenerie schlug das sehr auf den Magen. »Ihr könnt euch was anstellen«, meinte Will in seiner üblichen Gemütsruhe, »dat schmeckt. Da kennt ihr nix von.« Ein halbe Stunde später vertilgte er noch zwei Teller Wirsingeintopf mit Bauchspeck. Ja, von nichts kam nichts.

Apropos Wirsing. Der hatte mal für einen ausgewachsenen Ehekrach bei Will gesorgt. Denn auch Will pflegte einen schönen großen Nutzgarten. Der war aufgrund der geringen finanziellen Möglichkeiten sehr willkommen und nützlich. So gab es wenigstens im Sommer selten »Gummiwochen«. Von Erbsen bis Möhren, von Stangenbohnen bis Wirsing fanden sich eigentlich alle üblichen Gemüsesorten in Wills Garten. Vor allem der Wirsing stand in jenem Jahr gut, sodass Will ihn mit Stolz den Nachbarn präsentierte. Wirsing war Wills Lieblingsgemüse. Auch seine Frau wusste dies.

Eines Mittags gab es wieder mal Wirsing. »Welchen Kopf hast du rausgemacht?«, wollte Will wissen. »Den vorne am Weg oder den bei den Himbeeren?« Seine Frau blieb einsilbig. »Sag schon«, forderte Will Auskunft ein. Wills Frau gestand: »Den hab ich an der Haustür gekauft. Da kam vorhin ein Bauer und bot Gemüse an. Da hab ich eben einen Wirsing gekauft, weil du den doch so gerne hast.«

Als dann herauskam, dass der Wirsing mit der astronomischen Summe von 1,50 Mark ein ordentliches Loch in die knappe Haushaltskasse gerissen hatte, war für Will der Ofen aus. Im Garten standen geschätzt ein Dutzend Wirsingköpfe. Nach der ersten Aufregung schluckte Will seinen Groll aber hinunter. Soll doch einer die Frauen verstehen. Zumindest ahnte Will, dass die »Gummiwochen« nicht allein seinen geringen Einkünften geschuldet waren.

Über Will kursierten einige Anekdötchen, weil Will in seinem gesamten Leben hauptsächlich von Hunger und Appetit getrieben war.

In den 20er Jahren des vorigen Jahrhunderts war es auf dem Lande üblich, Türen nicht abzuschließen. Haus und Hof standen somit allen und jedem offen. Außerdem hatten viele Häuser in Ermangelung von Kellern meist einen kleineren Anbau, der je nach Ausgestaltung »Ställchen«, »Schuppen« oder »Werkstatt« hieß. Es waren eben Multifunktionsgebäude. Abstellraum und Vorratsraum, aber auch Hühner und Kaninchen fanden dort eine Heimat, ebenso wie der Hausherr, der darin oft eine kleine Werkstatt unterhielt, in der er Handkarren und (falls vorhanden) Fahrrad unterstellen konnte.

Für Samstagnachmittag sah die Termingestaltung vor, dass die Frau des Hauses den Sonntagsbraten anbriet und danach Wasser oder Brühe angoss, um eine Saucengrundlage zu gewinnen. Anschließend stellte sie den Braten in den Vorratsraum, der sich meist in dem besagten Anbau befand. Das war damals in vielen Häusern der Fall. Erst nach dem sonntäglichen Hochamt in der Kirche wurde der Braten zu Ende bereitet und kam dann auf den Tisch, wenn der Hausherr vom Frühschoppen heimkehrte.

Dieses Wissen machte sich der stets hungrige Will zunutze. Wenn er am späten Samstagabend von seiner Zechtour heimkehrte, wusste er, wo in der Regel ein Braten zu finden war. Für Will ein wahres Schlaraffenland. Manches Stück Fleisch musste daran glauben und manche Familie musste am Sonntag mit stark rationierten Fleischzuteilungen leben. Man ahnte auch, wer hinter dem »Mundraub« stecken könnte. Wills Bauch sprach eindeutig dafür. Aber beweisen konnte man nichts.

Eines Nachts wäre die Sache fast schiefgegangen. Will räuberte wieder mal in einem Anbau und tat sich am Sonntagsbraten gütlich, als die drei Söhne des Hauses heimkehrten – alles kräftige Kerle wie Will. Aber sie waren zu dritt und reichlich angetrunken, was schon damals bei jungen Männern nichts Gutes bedeuten musste. Will flüchtete schnell unter eine Holzbank – das heißt, er quetschte sich, so gut es ging, darunter.

Das Brüdertrio wollte wohl auf den Sonntagsbraten nicht mehr bis zum nächsten Mittag warten und machte sich ebenfalls über das große Fleischstück her. Will schwitzte unter der Bank, auf die sich einer der drei gesetzt hatte, Blut und Wasser. Irgendwann, es war schon nach 2.00 Uhr, verließen die Brüder den Schuppen und hinterließen einen deutlich geschrumpften Braten.

Will atmete tief durch. In den nächsten Wochen räuberte er lieber im eigenen Anbau – denn auch seine Mutter kochte jeden Samstag den Braten vor. Das blieb jedoch nicht ohne Folgen. An einem Sonntag gab es für ihn nur Kartoffeln und Gemüse, alle anderen am Tisch erhielten eine Scheibe Braten. Will protestierte. Seine Mutter schaute ihm tief in die Augen und sagte nur: »Du hast dein Stück Braten schon gehabt.« Und Müttern widerspricht man bekanntlich nicht.

Isabella esse ich nicht

Zu meinem fünften Geburtstag machte Vater mir ein besonderes Geschenk. Wenn ich damals geahnt hätte, wie viel Leid mir dieses Präsent später bereiten würde, hätte ich es mit der ganzen Kraft meiner fünf Lebensjahre abgelehnt.

In den Wochen vor meinem Geburtstag werkelte Vater an einer merkwürdigen Holzkiste. Da er kein geborener Handwerker war, half ihm ein Nachbar, der für solche Tätigkeiten deutlich begabter war. Die Kiste hatte Regale und Türen, sie sah aus wie ein klobiger Schrank. In die Türen wurde feiner Maschendraht eingelassen. »Was soll das denn werden?«, fragte ich, erhielt aber keine zufriedenstellende Antwort. Weil sie so sperrig war, erhielt die Holzkiste einen Platz in einer der hinteren Ecken im Garten.

Am Mittag meines Geburtstages rief mich mein Vater nach draußen. »Das ist dein Geschenk!«, gab er sich großherzig und zeigte auf den Kasten. Ich blickte durch den Maschendraht und sah zunächst einmal Stroh. Doch dann bewegte sich etwas. Ich sah tiefer hinein und schaute in zwei unschuldige Kaninchenaugen. Kurz darauf entdeckte ich noch zwei weitere. Das hellbraune Exemplar war ein Weibchen und erhielt den Namen Isabella, der graubraune

Herr in Zimmer zwei des Stalls sollte auf den Namen Bertram hören.

Ich freundete mich schnell mit Isabella und Bertram an. Streichelte sie, reinigte ihren Stall und verwöhnte sie. Das brachte mir allerdings auch Ärger ein, als ich einmal im Möhrenbeet das gesamte Grün geplündert hatte und die Karotten fast nicht mehr zu ernten waren.

Beide wuchsen zu stattlichen Kaninchen heran, die nach und nach ihre Scheu und ihre Angst ablegten. Weil sie – genau wie ich – Vaters wirkliche Pläne nicht durchschauten.

Es war schön, Isabella in den Arm zu nehmen und in ihre braunen Augen zu schauen. Mir gefiel es, wenn sie sich mit ihrem weichen Fell anschmiegte und ihre winzige Kaninchennase schnuppernd auf und ab bewegte. Bertram war nicht ganz so zahm.

Im Frühjahr bekam Isabella »Kinder«. Einen Wurf Kaninchen. Für mich war das ein Fest und ich schloss die Kleinen sofort ins Herz. Aber nicht lange. Denn eines Tages waren die jungen Kaninchen verschwunden. Mutter erklärte mir, dass sie verkauft worden waren und wir dafür Geld bekommen hatten. Ich nahm das – wenn auch ohne Freude – in Kauf, weil ich wusste, dass sich sowohl Vater als auch Mutter gerne mal eine Mark dazuverdienten.

Eineinhalb Jahre waren Isabella und Bertram meine Freunde. Doch eines Tages im Spätherbst kam ein sehr grober und unsympathischer Mensch ins Haus, den Vater aus dem Fußballverein kannte. Recht barsch schickten mich die Eltern auf mein Zimmer und ich wurde Opfer einer häuslichen Nachrichtensperre. Ich bekam noch mit, dass Vater und der Grobian in den Keller gingen. Was sie dort wohl machen würden?

Am nächsten Morgen schlich ich mich in den Keller und fand, zu meinem allergrößten Schrecken, Isabella und Bertram kopfüber an der Decke hängend. Geschlachtet. Das war also Vaters Plan. Billiges Fleisch! Ich war nicht mehr zu beruhigen.

Der Braten Bertram wurde gewinnbringend an einen Nachbarn verkauft. Isabella stand für Sonntag auf unserem häuslichen Speiseplan.

Ich war völlig außer Fassung. Laut weinend protestierte ich, auch wenn dies meine liebe Isabella nicht mehr lebendig machen würde. Vater bot mir den Erwerb neuer Kaninchen an. Ich lehnte ab, denn das Erlebte sollte sich niemals wiederholen.

Als wir am Sonntag am Tisch saßen, servierte Mutter das Mittagessen: Kartoffeln, Gemüse und Kaninchenbraten. Vater haute kräftig rein. Er lobte Mutter überschwänglich für das leckere Menü. Mutter aß aus Solidarität mit. Ich rührte nichts an. Und dann kam sie wieder, Vaters kategorische Aufforderung: »Das wird gegessen!« – »Nein!«, lautete meine alles verweigernde Antwort. Vater wiederholte noch lauter und deutete mit einer Ausholbewegung des Armes an, was er ansonsten zu tun gedenke. Er sagte es ein drittes Mal, in aller Deutlichkeit: »Das wird gegessen!«

Aber dann kam er, mein ebenso einfacher wie genialer Satz, mit dem ich hoffte, die Situation schlagartig und psychologisch nachhaltig zu verändern. Trotzig blickte ich in Richtung Vater und formulierte gewichtig: »Isabella esse ich nicht!«

Auf einen Schlag veränderte sich die Lage. Mutter solidarisierte sich augenblicklich mit mir und meinte, ihr würde das Fleisch nicht schmecken. Vater bekräftigte noch mal:

»Das wird gegessen!« Er griff zu Messer und Gabel und wollte den nächsten Bissen genießen. Doch – wie durch ein Wunder – es gelang ihm nicht mehr. »Jetzt habt ihr mir den ganzen Appetit verdorben!«, schimpfte er, schob den Teller in Richtung Tischmitte und das Sonntagsmahl war beendet.

Am Nachmittag gab es Kuchen – so eine Art nachgeholter Beerdigungskaffee für Isabella und Bertram. In Ermangelung eines sättigenden Mittagsmahles hauten wir kräftig rein. Am Montagabend loderte ein größeres Feuer in unserem Garten. Ein Stapel Holz brannte. Mein Vater und der schreinernde Nachbar standen zusammen. Der Stall war weg.

Wenige Jahre später zog Mimi, die graugetigerte Katze mit den weißen Pfoten, bei uns ein. Ich war erleichtert, denn die würde niemand schlachten wollen. »Kaninchen« standen übrigens niemals wieder auf unserem Speiseplan.

Der Milchmann

Es war meistens kurz nach 8.00 Uhr, als ein blauer Ford Transit älteren Baujahrs in die Straße einfuhr. Das Tempo des Wagens war gemächlich, so gemächlich, dass jeder Radfahrer mithalten konnte. Zwischen unserem und dem Nachbarhaus hielt der Transporter erstmals an. Der Fahrer betätigte zweimal kurz, aber energisch die Hupe und ich wusste: Der Milchmann ist da!

Ich hatte Ferien und konnte nun seine Dienste in Anspruch nehmen. Mutter drückte mir das »Milchgeld«, passend abgezähltes Kleingeld, in die Hand und ich rannte mit der 1-Liter-Henkelkanne nach draußen. »Guten Morgen!«, rief ich fröhlich dem Milchmann und der Nachbarin zu, die auch schon am Wagen stand. In der Ungeduld des fortgeschrittenen Lebensalters hatte sie bereits seit zehn Minuten vor ihrer Haustür gewartet.

Ich durfte zuerst ran, weil die Nachbarin noch weitere Einkäufe am Wagen tätigte und den Milchmann, der immer etwas Zeit für seine Kunden hatte, gern in ein Gespräch verwickelte.

Der Milchmann öffnete also die große Heckklappe des Transporters und ich blickte auf einen blitzblanken Edelstahltank im gebürsteten Pfauenaugenmuster. In der Mitte befand sich ein messingfarbener Schwengel, darunter eine Art Auslassventil.

»Einen Liter frische Milch bitte!«, sagte ich, wobei ich mir das Wort »frisch« hätte sparen können. Selbstverständlich hatte der Milchmann nur frische Milch. Er nahm die Kanne entgegen und hielt sie unter den Auslass, drehte den Stiel einmal um 180 Grad nach links und dann floss in sehr appetitlicher Weise ein weißer Strom heraus. Schon war die Kanne zur Hälfte voll. Nun brachte er den Stiel zurück in die Ausgangsstellung, wobei sich erneut ein reinweißer Milchschwall in die Kanne entleerte. Der Liter war abgefüllt. Der Milchmann nahm die 60 Pfennige entgegen und ich lief wieder ins Haus.

Während die Nachbarin draußen noch andere Milchprodukte und etwas Obst und Gemüse erstand, erreichte der Morgen in unserer Küche einen ersten kulinarischen Höhepunkt. Eilig holte ich ein großes Glas aus dem Küchenschrank und füllte frische Milch hinein.

Wenn ich Lust darauf hatte, trank ich die gut gekühlte Milch sofort. Gerne auch »auf ex«. Ach, war das lecker. Mutter sagte dann zwar immer: »Irgendwann verdirbst du dir noch den Magen. Kalte Milch ist nicht gut.« Aber was wusste Mutter denn? Kalte Milch, wenn sie frisch vom Milchmann kam, war gut! Sogar sehr gut! Das Wort »Laktoseintoleranz« wäre in den späten 60ern vermutlich gar nicht als zur deutschen Sprache gehörig eingestuft worden.

Doch meistens genoss ich die frische Milch so, wie es die Kinder jener Jahre gerne machten, nämlich mit mehreren Löffeln eines Kakaogenuss versprechenden Pulvers. Wahlweise aus Büchsen mit den Aufschriften »Kaba – der Plantagentrank« oder »Nesquik«. Und erst, wenn ich das

Glas mit der kalten und unverschämt leckeren Flüssigkeit geleert hatte, dann wusste ich: Der Ferientag hat begonnen. Und zwar gut.

Der Milchmann unterhielt auch einen Lebensmittelladen mit Kühltheke, an der es alle erdenklichen Milchprodukte gab. Quark für Mutter und mich. Für meinen Vater einen Stinkkäse, der auf den putzigen Namen »Knirps« hörte, im Geruch aber weitaus weniger niedlich war. Außerdem gab es neben »loser Milch« auch »lose Sahne«. Das heißt, beides ließ sich dort mühelos in jeder beliebigen Menge ordern. Sonntagvormittags öffnete der Besitzer für zwei Stunden, und wer eine Glasschale mitbrachte, konnte für wenige Groschen geschlagene Sahne erwerben. Die war für die sonntägliche Kaffeetafel unverzichtbar.

Die Lieferkette des Milchmannes war sehr kurz. Die Bauern aus der Umgebung – damals auch sieben aus meinem Heimatort – lieferten die Milch an ihre örtliche Molkerei, die 5 Kilometer entfernt lag. Dort kaufte der Milchmann täglich frisch ein und verkaufte die regionale Ware wiederum an die Kunden. Kurze Wege, hohe Qualität und viel Frische.

Es war nicht wie heute, wo Milch, Sahne und Butter kreuz und quer durch Europa gefahren werden, weil die Deutschen gerne holländische Butter haben wollen, die Holländer aber irische, die Briten wiederum dänische usw. Das Prinzip »Milchmann« war regional und nachhaltig.

Außerdem fand ich es spannend, die Milch von den ortsansässigen Bauernhöfen zu trinken. In den Ferien stromerten wir draußen herum und sahen auf den Feldern die vielen Kühe grasen. Wer weiß, vielleicht hatte ich gerade deren Milch getrunken? Schon als Junge von acht, neun Jahren hatte ich das Gefühl: »Das ist irgendwie gut.«

Automatenglück

Es war ein glücklicher Sonntagnachmittag irgendwann im Februar oder März 1970. Ich war auf dem Weg zum Spielfeld unseres heimischen Fußballvereins, der damals in der höchsten deutschen Amateurklasse spielte. Wenn man so will: in der 3. Liga. Unterwegs kam ich an dem einzigen Spielwarengeschäft in unserem Ort vorbei. Üblicherweise schaute ich schnell ins Schaufenster, um zu sehen, ob es neue Matchbox-Autos gab, für die sich die Jungs der damaligen Zeit brennend interessierten.

An der Mauer des Spielwarenladens wartete eine rote Versuchung, die schon beim Näherkommen rief: »Gib mir einen Groschen! Einen Groschen nur. Ich werde dich reich beschenken!« Das war der Kaugummiautomat. Sonntags hatte ich immer einige Groschen in der Hosentasche, denn sowohl von Vater wie von der Patentante gab es – nomen est omen – Sonntagsgeld. 30 Pfennig gingen für den Eintritt auf dem Fußballplatz drauf. Der Rest stand zur freien Verfügung. Also konnte ich ohne schlechtes Gewissen zumindest einen Groschen im Kaugummiautomat versenken.

Das Gerät funktionierte rein mechanisch. Allerdings war der Schlitz, in den man den Groschen stecken musste, häufig verstopft. Das passierte beispielsweise, wenn geizige

Mitmenschen versuchten, mit 1-, 2- oder 5-Pfennig-Stücken den Automat zu überlisten. Oft verkantete sich dabei die zu kleine Münze und der korrekte Münzeinwurf war vorerst nicht mehr möglich. Ich jedoch besaß meist die nötige Fingerfertigkeit, um das eingeklemmte Geldstück zu befreien, was mir a) einen bescheidenen finanziellen Zugewinn und b) den Zugang zum Kaugummi erlaubte.

Hatte ich den Groschen dann endlich in den Schlitz des Automaten gefummelt, musste ich den verchromten Drehgriff betätigen, der den Kaugummibehälter für kurze Zeit öffnete und die kugelförmige Ware in den Auslasstrichter fallen ließ. Damit die Kugeln bei diesem Vorgang nicht auf die Erde fielen, war am Auslass eine Aluklappe angebracht. Die war jedoch so ausgeleiert, dass sie selbst eine einzelne Kaugummikugel nicht aufzuhalten vermochte.

In aller Bescheidenheit möchte ich erwähnen, dass ich ein Meister in der Handhabung des Kaugummiautomaten war. Ich hatte den Bogen raus und wusste den Drehgriff so gefühlvoll zu betätigen, dass mehr als die üblichen ein oder zwei Kugeln, nämlich drei oder sogar vier, in den Schacht fielen. Hatte man besonders großes Glück, dann erhielt man eines der sparsam auf die Kaugummikugeln verteilten Gimmicks. Der Hauptgewinn war natürlich das Miniatur-Taschenmesser. Damit ließ sich zwar in der Regel schlecht schneiden, aber das machte nichts. Dieses Taschenmesser war ein Statussymbol. Es zeugte von Reichtum (der Besitzer hatte mehr als nur einen Groschen in den Automaten investiert), von Stil und von Lebensart.

An jenem Sonntag erhielt ich zwar nicht das Taschenmesser, aber neben drei Kaugummikugeln einen wunderbaren Herrenring in Silber mit einem magentafarbenen

Edelstein. Der wurde natürlich sofort auf den passenden Finger gesteckt. So und nicht anders ging ein Herr von Welt sonntags zum Fußballplatz! Ein relativ hoher Heimsieg unseres Vereins, dem ich selbstverständlich als aktiver Kicker ebenfalls angehörte, machte den Tag perfekt.

Leider war es dann aber Mutter, die mir alle Illusionen raubte, als ich ihr stolz meinen Ring präsentierte. Weil sie ein ganzes Schmuckkästchen besaß, stufte ich sie als Expertin ein. Sie schaute sich meinen Ring an, lachte kurz auf und sagte: »Von wegen Edelstein, das ist alles Plastik!« Na ja, zumindest der Kaugummi hatte geschmeckt.

Wenige Jahre zuvor hatte ein anderer Automat meine Befindlichkeit am Sonntag stark beeinflusst. Es war die Zeit, als Vater noch zum sogenannten »Frühschoppen« ging. Eine Angewohnheit, die er sich schnell wieder abgewöhnte, weil ausgiebiger Biergenuss am Sonntagvormittag wenig vorteilhaft für den weiteren Verlauf des Tages war. Und weil er sich auch im Geldbeutel niederschlug.

Vater war ohnehin kein großer Kneipengänger. Aber wenn er wissen wollte, was es Neues im Ort und beim Sport gab, dann musste er eben zum Frühschoppen. Und ich durfte mit. Das machten auch andere Väter so.

Zu sehen gab es in der Kneipe wenig, denn es wurden ausgiebig Zigaretten und Zigarren gepafft, weshalb die Sicht stark beeinträchtigt war. Während Vater »normales« Bier, also Pils, trank, erhielt ich – vielleicht sechs oder sieben Jahre alt – sogenanntes »Kinderbier«. Das war, wie man damals sagte, »Dunkelbier«, heute besser bekannt als »Malzbier«. Schwarz, süß und vor allem alkoholfrei. Aber: Ich durfte Bier trinken. Somit war ich dem Erwachsenwerden vermeintlich einen großen Schritt nähergekommen.

Das Wichtigste in der Gaststätte stand jedoch in einer Nische der holzvertäfelten Wand: die Nussglocke. Auf einem schweren gusseisernen Fuß mit gehämmertem bronzefarbenem Metallüberzug thronte eine große Plexiglas-Kugel, gefüllt mit dunkelroten kandierten Erdnüssen. Obendrauf saß ein ebenfalls gusseisernes Teil, das aussah wie ein Helm und an dem sich ein Schlitz zum Münzeinwurf befand. An der Seite musste dann der lange eiserne Hebel betätigt werden und die Nussglocke entließ eine Handvoll kandierter Erdnüsse. Wie üblich zum damaligen Grundpreis von 10 Pfennigen, also einem Groschen.

Nur mit einer Handvoll kandierter Erdnüsse war der Frühschoppen für mich gelungen. Wenn ich es geschickt anstellte und Vater gerade ein ernsthaftes Fachgespräch über Fußball führte, dann erreichte ich mit nachhaltigem Quengeln schon mal die Herausgabe eines zweiten Groschens und kam damit in den Genuss einer weiteren Portion. Merkwürdigerweise gab es sonst nirgendwo solche leckeren Erdnüsse. Nur in Kneipen, nur in diesen massiven Glocken. Musste also was Außergewöhnliches, gar etwas Wertvolles sein.

In der Gaststätte gab es eine gängige Methode, um die losen Erdnüsse zu verwahren. Man nahm sich einen runden Bierdeckel und klappte die Kanten hoch, sodass eine kleine Schale entstand. So machten es damals alle. Auch die, die an der Theke als Snack zum Bier gesalzene Erdnüsse orderten, welche wahlweise als »Nüsschen« oder »Pittjes« bezeichnet wurden.

Fasziniert war ich außerdem von zwei weiteren Automaten, die unweit der Nussglocke an der Wand hingen. Einer davon war sehr schmal und man musste nur 5 Pfennige einwerfen. »Welthölzer« stand darauf, in Weiß auf blauem Untergrund. Das L und das T im Namen durch zwei stilisierte Streichhölzer dargestellt. Die mussten etwas Besonderes sein, dachte ich, weil ich sie nicht kannte. Unsere Streichholzschachtel zu Hause war ein blassgelbes Pappdöschen, auf dem eine rote Fünf mit dem Zusatz »Pf« prangte, darüber stand in Großbuchstaben »Haushaltsware«. Das Wort »Sicherheitszündhölzer« war indes kaum zu lesen.

Ein dritter Automat in der Kneipe war giftgrün, auf dem stand in großen weißen Lettern »VIVIL«. Komischerweise benutzten die Männer diesen Apparat vor allem nach dem Frühschoppen, bevor sie zu ihrem Auto gingen und heimfuhren.

Der Automat mit dem wohl respektabelsten Erscheinungsbild hing im Windfang eines Tante-Emma-Ladens in unserem Ort. Ein schwarzes Monstrum mit zwei gefächerten Rädern und zwei Schlitzen für den Münzeinwurf, einen für einen Groschen und einen für 50 Pfennige. Darüber in Großbuchstaben »Kundendienst«. Weil dieser Tante-Emma-Laden nahe unseres Spielplatzes lag, nutzten wir diesen Automaten vor allem, wenn das Geschäft selbst geschlossen war. Denn in den Fächerrädern warteten allerlei Leckereien.

Gut, die 50-Pfennig-Abteilung war für fast alle Kinder eine Nummer zu groß, das heißt zu teuer. Aber im Groschenrad fand sich alles von der Nougatraute bis zum Dauerlutscher. Es erforderte jedoch einige Geschicklichkeit, mit dem Steuerrad das richtige Fach über dem Ausgabeschacht zu platzieren, damit dieser sich nach dem Münzeinwurf öffnete und die begehrte Ware freigab. Mehr als einmal ist es passiert, dass ich im wörtlichen Sinne »danebenlag«.

Mein liebster Automat war aber ein anderer. Natürlich wieder ein »Groschenautomat«, denn der Groschen war die Kinderuniversalwährung der damaligen Zeit. Sozusagen der »Kinderdollar«. Der leuchtend gelbe Warenautomat zeigte auf seiner Front eine Dame in einer Art Pagenuniform, die entfernt an eine Matrosenkleidung erinnerte. Sie hielt dem Betrachter einen Spender entgegen. »PEZ« stand in großen, aus weißen Steinchen geformten Buchstaben auf dem Automaten. Das war der treuste und liebste automatische Begleiter meiner Kindheit.

PEZ-Automaten gab es in fast jeder größeren Straße. Man hatte die Wahl zwischen Orangen-, Zitronen- und Pfefferminzdragees, Kaugummi und Karamellbonbons. Alles für einen Groschen. Ich bevorzugte einen PEZ-Automaten zwei Straßen von meinem Zuhause entfernt. Der hatte eine sehr erfreuliche Macke: Wenn man mit etwas Karacho auf den Geldrückgabeknopf schlug, fielen meist zwei oder drei Groschen aus dem Schacht. Diese Münzen wurden natürlich sofort wieder in den Automaten gesteckt, nicht aber ohne die entsprechende Ware zu entnehmen.

Ein Rentner, der in der Nähe des Automaten wohnte, hatte irgendwie herausbekommen, dass da etwas nicht mit rechten Dingen zuging. Er hatte es sich zur Aufgabe gemacht, den Automaten vor bösen Kindern zu schützen. Immer wenn er uns dort stehen sah, kam er wütend auf uns zu. Trotz seiner Gebrechlichkeit machte er einigen Eindruck auf uns, denn wir Kinder wussten: Dieser Mann war in Russland gewesen. Vor allem war er wieder aus Russland zurückgekommen, was vielen Männern aus dem Ort nicht gelungen war.

Meine Tante, deren Mann seit 1944 in Russland als vermisst galt und dessen Schicksal als Gefallener des Russlandfeldzuges sich erst in den 90er Jahren nach dem Fall des Eisernen Vorhangs aufklärte, schilderte mir oft in drastischen Bildern, wie schlimm der Krieg in Russland gewesen sein musste.

Nicht alle Kinder teilten meinen Wissensvorsprung. Wir alle wussten aber, dass man böse dreinblickenden Rentnern, die in Russland gewesen waren, am besten aus dem Weg ging. Zumal er uns nie »Kinder« nannte, sondern »Lümmel«, »Rabauken«, »Rotzlöffel« oder »Nichtsnutze«. Die Spezialität, die er uns androhte, fiel gemeinhin unter die Begriffe »Maulschelle« respektive »Ohrfeige«. Wir machten uns also aus dem Staub, in der Regel erfolgreich. Denn sein Russlandaufenthalt hatte bei dem älteren Herrn auch dafür gesorgt, dass er nicht mehr so gut zu Fuß war und eine Verfolgung der kleinen Gauner und Halunken somit unmöglich wurde. Das hinderte ihn aber nicht daran, zahlreiche Drohungen und Verwünschungen auszustoßen, die wir im Weglaufen nur bruchstückhaft aufschnappten, sodass uns lediglich Fragmente wie »nicht mehr blicken lassen« und »den Eltern Bescheid sagen« in Erinnerung blieben.

Hatte man keine Lust auf Ärger mit Weltkriegsveteranen, dann ging man eben zu einem anderen PEZ-Automaten. Es gab ja damals genug davon. Schön, dass meine Patentante an meiner Begeisterung für PEZ teilnahm und mir – ich glaube, es war zum Geburtstag – einen PEZ-Spender schenkte, und zwar stilecht in Donald-Duck-Form, denn ein echter PEZ-Spender war in der Regel einer Figur aus dem Disney-Imperium nachempfunden. Man kippte den Kopf nach hinten und der Spender gab ein PEZ-Dragee frei. Die Welt war in Ordnung.

Ich bin ehrlich. Würde es heute noch einen PEZ-Automaten geben, ich würde ihn sofort ausprobieren, flugs eine Packung »PEZ Zitrone« ziehen und dann noch mal auf den Geldrückgabeknopf hauen. Vorsichtshalber.

Waldmeisterbrause
und andere DDR-Spezialitäten

»In die Ostzone!« Das war Vaters Antwort auf die Frage, wohin es denn in Urlaub ginge. »Oma besuchen!« In der Zeit, von der dieses Buch erzählt, fuhren wir alle paar Jahre in die DDR. Für mich ein willkommenes Abenteuer, wobei ich auch spürte, dass das Leben in jenem Land, das angeblich ein Teil von Deutschland war und zugleich doch nicht, in einigen Bereichen ein anderes war als bei uns.

Am spannendsten waren die drei Wochen im Sommer 1971. Ich war gerade elf und erlebte den Familienbesuch, aber auch den Alltag in der DDR sehr bewusst und intensiv. Wir wohnten bei Oma – Opa war schon viele Jahre tot – und Vaters Schwester. Im Nachhinein betrachtet, war es für mich eine Zeitreise in die 1920er oder 1930er Jahre.

Nicht asphaltierte Straßen, keine Kanalisation, kein fließend Wasser. Das kannte ich nicht. Sicherlich machte es reichlich Spaß, die Pumpe im Hof zu betätigen, wenn man an frisches Wasser kommen wollte. Mit dem großen, immer quietschenden Pumpschwengel. Aber beim Plumpsklo hörte der Spaß auf. Das war kein Wohlfühlort, auch wenn mein Onkel dies bis heute steif und fest behauptet.

Übrigens nennt er diesen verschwiegenen Ort immer noch gerne sein »Büro«.

Auch sonst war vieles anders. Es gab kaum Autos und alles roch nach dieser einmaligen Mischung aus Kohle und Schwefel. Dass die DDR fast die gesamte Energie aus heimischer Braunkohle gewann, wusste ich als Elfjähriger natürlich nicht. Aber es hat ihn wohl wirklich gegeben, diesen unbeschreiblichen und doch typischen »DDR-Geruch«, der den »Westlern« so gänzlich unbekannt war.

Beim Essen und Trinken musste ich mich ebenfalls umstellen. Der einzige Lebensmittelladen im Ort war schmucklos, um das Wort »trist« nicht zu gebrauchen, und das Sortiment war weniger bunt, dafür aber umso übersichtlicher. Es gab auch so etwas wie Privatwirtschaft. Ein Klassenkamerad meines Vaters betrieb tatsächlich eine Eisdiele. Das Angebot beschränkte sich auf die drei Sorten Vanille, Schokolade und Erdbeere. Allerdings gab es das Eis in geräumigen Waffeln, die das Aussehen einer kleinen flachen Schüssel hatten. In eine dieser Waffeln wurde das Eis eingefüllt und eine zweite wurde schalenförmig draufgepappt. Fertig war das Eis. Anders als daheim im tiefen Westen, aber dennoch genießbar. Sogar sehr gut.

Dass der Bäcker im Ort veritable Handwerkskunst anbot, war ebenfalls erfreulich. An anderer Stelle habe ich bereits darüber berichtet. Auch der Metzger verstand sein Handwerk. Die Ware war gut. Was ich nicht übersehen konnte, war der Mangel, der in jenen Tagen herrschte, obwohl man ihn im Alltag überspielte. Jeder, der in der DDR groß geworden ist, wird bestätigen, dass man sehr kreativ und erfindungsreich war, um den Mangel zu kompensieren. Und auch die Fähigkeit zur Improvisation war sehr ausgeprägt.

Meine Cousine und ich werteten die eigene Kulinarik durch intensives Pilze-Sammeln auf. Nahe am Ort gab es eine Kiefernschonung, die dem geübten Auge mal mehr und manchmal weniger Pfifferlinge vorhielt. So gab es in jenem Sommer 1971 häufiger Pfifferling mit Rührei. Die Pilze hatten wir in durchaus Glück verheißender Manier dem Waldboden entrissen, die Eier hatten die Hühner, die unsere Verwandten hielten, geliefert. Auf beide Produkte hatte der allmächtige Staat keinen Zugriff. Die Vorliebe für Pfifferlinge mit Rührei hat sich bei mir bis heute erhalten. Wenn ich sie mir gönne, dann schwingt immer die Erinnerung an jene schönen Sommertage 1971 mit.

Interessant war die Getränkeauswahl, besonders für mich als wissbegierigen Kindergourmet. Kannte ich bis dahin als süßes Erfrischungsgetränk die »Limo« westlicher Provenienz in den Geschmacksrichtungen Zitrone (glasklar) oder Orange (gelb), so erfuhr ich in jenen Tagen, dass das Wort »Limo« in der DDR – sagen wir es mal vorsichtig – ungebräuchlich war. Logisch, eine Limonade besteht vorwiegend aus Limonensaft, eine Orangeade aus Orangensaft. In der DDR aber trank man »Brause«. Dieses Wort verband ich wiederum mit einer umfassenden Körperreinigung statt mit einem Getränk. Doch ich ließ mich bekehren.

Im »Dorfkrug« – ein herrliches sprachliches Relikt früherer Zeiten – bestellten sich die Erwachsenen ein Bier. Für uns Kinder gab es Brause. Es wäre wohl vermessen gewesen, von einem Land, in dem Zitronen und Orangen zum Luxus gehörten, eine durchgehende Versorgung mit entsprechender Limonade oder Brause zu erwarten.

Die DDR-Brause war giftgrün. Aber auch irgendwie

appetitlich grün. Und ihr Geruch vermittelte schnell die Gewissheit, dass man das durchaus trinken konnte. So machte ich erstmals Bekanntschaft mit echter »Waldmeisterbrause« (die mit der blass-grünlich-gelben Waldmeisterbrause aus den Ahoj-Tütchen nichts gemein hatte). Schnell schloss ich Freundschaft mit diesem köstlichen Getränk, obwohl Geschmack wie Färbung höchstwahrscheinlich auf sehr künstliche Art entstanden waren. Und ich stellte meinen Eltern die berechtigte Frage: »Warum gibt es das bei uns nicht?«

Nach der Rückkehr aus der »Zone« erstand Mutter im heimischen Supermarkt eine Flasche Waldmeistersirup. »Im Verhältnis 1:4 mit Mineralwasser verdünnen«, forderte die Gebrauchsanweisung auf. Mein stets auf Sparsamkeit bedachter Vater war der fundamentalen Meinung, dass das Ganze auch mit einem Mischungsverhältnis von 1:8 funktionieren würde. Ebenfalls der Sparsamkeit geschuldet war der Erwerb von Aachener Mineralwasser, für das mein Vater eine günstige Beschaffungsquelle hatte. Leider hat Aachener Mineralwasser die unangenehme Eigenschaft, seinen Schwefelgehalt markant auf dem Silbertablett zu präsentieren, was dem Genuss der selbstgemischten Waldmeisterbrause, neben dem verordneten Mischungsverhältnis, sehr abträglich war. Da war die DDR-Brause eindeutig besser. Kaum zu glauben! Denn ansonsten ließen alle Gespräche, die mein Vater zum Thema »DDR« führte, darauf schließen, dass dort auf keinen Fall etwas besser sei.

Ich war da deutlich unvoreingenommener. Die deutsche Vereinigung hat mir den Genuss einiger Traditionen ermöglicht, die selbst zu DDR-Zeiten nicht verlorengegangen sind. Was wäre die Adventszeit und die darauffolgende

Weihnachtszeit ohne Dresdener Christstollen und Puls-
nitzer Pfefferkuchen? Auch der Salzwedeler Baumkuchen
begleitet ein Kaffeekränzchen ebenso schmackhaft wie die
Sächsische Eierschecke.

Ein DDR-Haushalt deckte die sonntägliche Kaffeetafel
mit allem, was das Bäckereirepertoire eben zu bieten hatte.
Bei meinen Verwandten gab es zum Beispiel einen sehr einfachen und durchaus genießbaren Zitronenkuchen. Noch
schmackhafter war der Kalte Hund. Wer den reichlich aß,
hob seine Kalorienzufuhr in astronomische Höhe. Die
Süßspeise bestand aus Butterkeksen und Schokolade. Un-
erlässlich war eine längere Ruhezeit im Kühlschrank, was
dem Kalten Hund Stabilität und einen kühlen Geschmack
verlieh. Das war eine wirklich tolle Sache, so lecker!

»Den Kalten Hund mögen hier alle«, sagte meine Tante
wahrheitsgemäß. »Ich denke, bei euch ist Schokolade rar
und teuer?«, wunderte sich Mutter. »Jaja«, gab die Tante
zurück, »was meinst du, warum du uns immer so viele Pa-
ckungen Butterkeks und Schokolade in die Weihnachtspa-
kete packen sollst?« So war das anno 1971. Eine DDR-Spe-
zialität ausschließlich aus BRD-Waren – welch ein Signal!
In mir meldete sich die leise Hoffnung, dass ich noch erleben würde, wie die beiden Teile Deutschlands irgendwann
wieder zusammenkämen. Weil das sonst mit dem Kalten
Hund ja nicht funktionieren würde. Ich sollte recht behalten und nur noch achtzehn Jahre warten müssen …

Schlimme Experimente
mit Hirn und Hering

Im Leben eines Kindergourmets gibt es leider auch – gleichwohl wenige – sehr, sehr bittere Tage. Bei mir waren es jene, an denen Vater seine ausgefallenen kulinarischen Wünsche erfüllt bekam. Diese reiften in ihm meist dann heran, wenn es für die Zutaten eine kostengünstige Quelle gab.

Vater arbeitete, wie so viele Bewohner meines Heimatortes, in einer großen Fabrik. In den 60ern und 70ern hatten etliche der Arbeiter entweder noch eine Kleinlandwirtschaft zu Hause, also ein, zwei Kühe, ein Schwein, eine Ziege und ein paar Hühner, oder sie gingen einem anderen Nebenerwerb nach. Für viele Nebenerwerbslandwirte war die Hausschlachtung ein übliches Mittel, um die Fleischversorgung der Familie zu sichern. Und wenn das Angebot zu groß war, dann wurden Kollegen mit den wunderbarsten Produkten aus dieser Schlachtung beglückt.

Hin und wieder hatte Vater abends Mitbringsel im Gepäck. Einmal etwas, was wohl sehr verderblich zu sein schien, denn Mutter sollte es gleich am nächsten Tag zubereiten. Und sie tat, wie ihr geheißen. Als ich mittags aus der Schule kam, roch es in der Küche merkwürdig. Ein wenig nach Fleisch, durchsetzt mit einem störenden Unterton. War das wirklich Fleisch? Was mochte es geben?

Vater kam zur Mittagspause nach Hause und freute sich auf das Essen, das er uns mit seinem Mitbringsel beschert hatte. Mutter stellte die Teller auf den Tisch – und ich traute meinen Augen kaum. Ich bin ehrlich, ich habe längst verdrängt, welch ein Anblick sich mir im Detail bot. Es war irgendein undefinierbarer hellbrauner, wabbeliger Matsch.

Während Vater sofort mit dem Essen begann – die Mittagspause dauerte 45 Minuten – gebärdete ich mich wie eine Katze, der man ein unbekanntes Futter vorsetzt. Mutter begann ebenfalls zu essen. Allerdings bemerkte ich bei ihr eine Regung, die sich am ehesten mit »fehlendem Enthusiasmus« umschreiben ließe. Obwohl sie das matschige Etwas selbst zubereitet hatte. Und obwohl sie im Großen und Ganzen eine gute Köchin war.

Nachdem ich zweimal meine Gabel spärlich gefüllt hatte und die dubiose Zubereitung mit großer Tapferkeit hinuntergeschluckt hatte, verweigerte ich augenblicklich jegliche weitere Nahrungsaufnahme. Es folgte einmal mehr der Standardsatz: »Das wird gegessen!« Ich blieb standhaft. Was da auf dem Teller lag, beleidigte alle meine Sinne, und das wollte ich nicht essen.

Mutter zeigte sofort Verständnis für meine Lage und fiel Vater in den Rücken, was dieser nun gar nicht leiden konnte. »Du bleibst so lange am Tisch sitzen, bis du aufgegessen hast«, befahl Vater mir. »Meinetwegen«, dachte ich mir, denn ein Blick auf die Uhr verriet, dass Vater in 28 Minuten das Haus in Richtung Arbeitsplatz verlassen würde. Ich saß eindeutig am längeren Hebel.

Mutter schmeckte es offensichtlich überhaupt nicht. Sie redete sich Vater gegenüber mit ihrer allmonatlichen Unpässlichkeit heraus, die man aber im Beisein eines Kindes von zehn Jahren nicht weiter thematisieren wollte. Mutter hatte es gut, sie brauchte nicht aufzuessen …

Als Vater nach dem Mittagsmahl noch eine Mütze Schlaf im Wohnzimmer nahm, fragte ich Mutter vorsichtig, was das denn überhaupt für ein Essen gewesen war. Sie sagte sehr einsilbig: »Hirn.« – Aha. Das, was nicht im Kochbuch, aber in meinem Biologiebuch bildlich dargestellt war und sich mir nie und nimmer als Nahrung, geschweige denn als Delikatesse empfohlen hätte. Mir indes war als Zehnjähriger sofort klar – und diese Meinung vertrete ich noch heute: Hirn gehört in den Kopf und nicht in den Magen. Lassen wir über dieses grausige Experiment Gras wachsen und das Licht der Erinnerung erlöschen.

Aber es ging weiter mit dubiosen Genüssen. Dummerweise lag auf dem Weg zu Vaters Arbeitsplatz eine Zeitlang ein kleines Fischgeschäft. Da in den 60ern und frühen 70ern der Begriff »Just-in-time« im wahrsten Sinne ein Fremdwort war, hätte auch jeder Blinde zielsicher die Aufgabe »Zeige mir das Fischgeschäft« ohne Probleme gelöst. Dieses kleine Geschäft war zwar leicht zu übersehen, aber dafür umso besser geruchlich zu orten. So verhielt es sich auch mit den »Leckereien«, die Vater häufiger nach Hause brachte.

Einmal kam er von der Arbeit und legte meiner Mutter einen grünen Hering auf den Tisch. »Brätst du mir den heute?«, fragte er freundlich. Aber Mutter schien nicht begeistert. »Den brate ich, aber im Keller!«, sagte sie. Denn dort stand ein alter Herd, der immer dann genutzt wurde, wenn sich die Zubereitung auf dem neuen in der Küche nicht empfahl. Beispielsweise, wenn Mutter im Spätsommer viele Stunden lang Pflaumen zu einem wunderbaren Mus verkochte.

Ich mache es kurz: Vaters Wunsch wurde am Abend prompt erfüllt. Wer einmal gebratenen grünen Hering zubereitet hat, der weiß, wovon ich spreche: Unser Haus roch gefühlt zehn Tage lang, vom Keller bis zum Speicher, in allen Zimmern, in sehr aufdringlicher und unschöner Weise nach gebratenem Fisch. Ein paar Tage nach der desaströsen Fischbraterei wusch Mutter alle Gardinen im Haus. »Die waren sowieso dran«, redete sie sich die Situation schön. Und auch sonst hatten Reinigungsmittel aller Art Hochkonjunktur in den Tagen nach dem Hering.

Mutter machte sich nichts daraus, aber ich hatte, trotz meines zarten Lebensalters von sieben oder acht Jahren, ernsthaft überlegt, ob ich nicht temporär eine neue Bleibe suchen sollte. Bei meiner Patentante beispielsweise, bei der ich hin und wieder übernachten durfte.

Vater schien zu spüren, dass der grüne Hering uns nicht begeistert hatte. Er brachte ihn dann vielleicht noch ein- oder zweimal mit. Beim definitiv letzten Bissen desselben meinte er nur in leicht herablassender Weise zu Mutter und mir: »Ihr wisst gar nicht, was gut ist.« Wobei das Leben ohnehin lehrt: Man muss nicht alles wissen …

Und als wenn Hirn und Hering nicht gereicht hätten, kam Vater eines Tages auf die grandiose Idee, einen neuen »Leckerbissen« einzuführen. Nein, es war nicht Leber, die es hin und wieder mittags gab und die nur auf mäßige Akzeptanz traf, da es sich nicht um die gute Kalbsleber handelte, sondern um die deutlich günstigere Variante vom Schwein. Diese genügte meinen kulinarischen Ansprüchen kaum, was an Vaters irriger Auffassung lag, dass Fleisch an Geschmack und Qualität zunähme, je länger man es brate, schmore oder koche. Folgsam wie Mutter war, musste sie daher manch gutes Stück Fleisch durch Totkochen oder -braten schlicht und einfach ruinieren. Sie wusste es, aber: »Papa will das so.« Das war zu jener Zeit das Familienevangelium.

Nein, der neue »Leckerbissen«, den Vater probieren wollte, war Niere. Saure Nieren, um es genau zu sagen. Omas Kochbuch musste Auskunft geben: Die Nieren wurden gebraten, gekocht und mit Mehlsoße und Essig angemacht. Mutter servierte sie mit Kartoffelpüree.

Ich achtete peinlich darauf, dass weder die Nieren noch die Soße mein Püree berührten. So konnte ich das Püree solo genießen. Die Nieren strafte ich mit Verachtung, weil sie den Interessen eines Kindergourmets völlig zuwiderliefen.

Die lange Zubereitungszeit hatte die Nieren nicht besser gemacht, sondern ihnen eine gummiartige Konsistenz verliehen. Somit blieb der Hochgenuss bei sämtlichen Protagonisten aus. Zu allem Überfluss fiel meinem Vater auch noch ein, welche Flüssigkeit die Niere regulär durchströmt. Da war diese »Delikatesse« folglich und konsequent schnell wieder vom Speiseplan gestrichen.

Irgendwann gab es dann auch ein erstes Mal Ochsenschwanzsuppe. Der Name und das Aussehen des Ausgangsproduktes verhießen nichts Gutes. Aber die Suppe, dunkelbraun, würzig und mit vielen Scheiben von hartgekochten Eiern veredelt, war eine wahre Delikatesse. Das musste ich als Kindergourmet respektvoll anerkennen. Schön, dass doch nicht alle Experimente in der Küche, die sich grausig anhörten, genauso schlimm endeten …

In die Pilze

Meine Eltern stammten beide aus waldreichen Gegenden und hatten früh gelernt, dass der Wald nicht nur ein wunderschöner Naturort ist, sondern auch eine gute Quelle für wunderbare Lebensmittel. Zu diesen »Früchten« des Waldes zählen die Pilze. Jene Lebewesen, die weder Tier noch Pflanze sind, deren Körper ein unterirdisches Reich bilden, das sich mit Bäumen und anderen Lebewesen verbündet, um der Gattung zum biologischen Erfolg zu verhelfen. Das, was wir als »Pilze« bezeichnen, jene schirm-, knollen- oder keulenartig geformten Fruchtkörper, sind nur die Spitze des Eisbergs. Aber diese Fruchtkörper können auch allerfeinste Geschmackserlebnisse bieten.

Die Crux bei der Pilzsuche ist: Man muss die verschiedenen Arten kennen. Aber Vater und Mutter hatten das Pilzsuchen früh gelernt und gaben das erworbene Spezialwissen ebenso früh an mich weiter. Es gab kaum einen Waldspaziergang, bei dem wir nicht schauten, ob und wo es Pilze gibt. Welch ein Glück, wenn dann in einem lichten Birkenhain Birkenpilze und andere Röhrlinge sprossen. Oder wenn in einem Waldstück unter majestätischen Buchen Steinpilze wuchsen.

Der Rheinländer – diese Erfahrung habe ich häufig machen müssen – ist nicht bereit, die Pilzarten näher kennenzulernen. Er vereinfacht lieber. So erhielt ich mehr als einmal die pauschale Auskunft: »Pilze? Die sind doch giftig!« Besser, man eignet sich ein fundiertes Pilzwissen an, um sicher eine Unterscheidung zwischen »giftig«, »ungenießbar« und »lecker« treffen zu können.

In den 60er Jahren, wenn sich im späten August und vor allem im September abends erste Nebelschwaden in den feuchten Flussauen zeigten, nahm Vater mich zu einem abendlichen Ausflug »in die Wiesen« mit. Das Objekt der Begierde: Der Wiesenchampignon, der damals auf den gänzlich ungespritzten Weiden gerne wuchs. Der einzige Dünger, Kuhfladen und Pferdemist, hatte den Boden so angereichert, dass sich der Champignon dort sehr wohl fühlte. Schon von Weitem sah ich die weißen Hüte leuchten. »Hier sind welche!«, rief ich zu Vater hinüber, der das weiße Gold unserer Flusswiesen fachgerecht erntete. Zwei Spankörbe waren zu füllen. Dann war es genug, denn die Natur sollte ja nicht sinnlos ausgeplündert werden.

Einheimische verfolgten die Pilzpassion meines Vaters mit Skepsis. Sie sahen vor ihrem geistigen Auge schon einen sich vor Schmerzen windenden Mann, der schweißgebadet, von Krämpfen geschüttelt als letzte Worte hervorbringt: »Ja, sie waren giftig.«

Am Tag nach unserer Sammelaktion gab es mittags Pilzragout, dazu frische Kartoffeln aus dem Garten und Rührei, alles mit fein gehackter Petersilie überstreut. Geschmacklich waren diese wilden Vertreter der Gattung Champignons weitaus aromatischer als diejenigen, die heute aus den Zuchtkellern der Profis kommen.

Mutter war geübt darin, Pilze zu trocknen. Deshalb warfen wir ausrangierte Geschirrtücher nie weg, sondern lagerten sie im Keller, um sie als Grundlage für die Pilztrocknung zu verwenden. Die getrockneten Pilze wurden in Schraubgläsern aufbewahrt und den ganzen Winter als Würzmittel benutzt. Vor allem zur Urmutter aller Sonntagsbraten, dem Rinderbraten, machte sich eine würzige Pilzsauce immer gut.

Bei der Auswahl der Urlaubsorte lenkte Vater den Findungsprozess stets dorthin, wo viel Wald auch viele Pilze verhieß. Und mindestens an einem Tag, wenn nicht an mehreren, hieß im Urlaub das Tagesmotto: »In die Pilze!« Im Bayerischen Wald fanden wir schon am ersten Tag auf den ersten Wandermetern einen Fungus, den Vater als Steinpilz identifizierte. Stolz wurde er dem Zimmerwirt gezeigt. Aus der Mundart übersetzt lautete sein Kommentar: »Den kannst du nicht essen.«

Was Vater, trotz guter Pilzkenntnisse, nicht wusste: In dem Urlaubsort gab es so gut wie keine Steinpilze, dafür aber seinen bitteren Cousin, den Gallenröhrling. Vater probierte vorsichtig, spie aus und schimpfte wie ein Rohrspatz. Tage später entschädigte uns ein sagenhafter Pfifferlingssegen. Der Zimmerwirt half mit Tüchern aus und es wurden reichlich Pilze getrocknet. Na gut, ein kleines Deputat erhielt der Zimmerwirt für seine Küche auch.

In den Ötztaler Alpen fand Vater, der bei der Pilzsuche mit wahren Adleraugen gesegnet war, einen sehr kleinen, sehr unscheinbaren Pilz – gerade mal 4 oder 5 Zentimeter hoch, mit einem Schirmchen von nur 1 Zentimeter Durchmesser. Ich fragte mich, was an dem Winzling dran sein mochte. Vater freute sich riesig und nannte einen französischen Begriff, den er sehr deutsch aussprach. Was herauskam war das Wort »Musserong«. Gemeint war der Mousseron, der in Deutschland als »Echter Knoblauchschwindling« bekannt ist. Auch der wurde im Hotelzimmer zum Trocknen ausgelegt. Über ein Jahr lang haben wir die getrockneten Mousserons als Würzpilze verwendet.

Den Namen »Knoblauchschwindling« trägt der Pilz nicht ganz zu Unrecht, wobei sein Geschmack durchaus komplexer und würziger ist. Mutter zauberte herrliche Soßen aus der kleinen Geschmacksbombe. Begeistert bot Vater die getrockneten Pilze zu Hause einem geschätzten Nachbarn an. »Nääää«, rief der aus, »du willst mich wohl um die Ecke bringen.« Vater nannte den Namen des kleinen Würzwunders. »Ach was, Mousseron«, sagte der Nachbar, »das sind bestimmt Knollenblätterpilze.«

Menschen, die kein Pilzwissen besitzen und kein einziges Exemplar bestimmen könnten, haben bei Pilzen aller Art schnell den »Knollenblätterpilz« zur Hand. Während der Fliegenpilz aufgrund seiner überragenden Optik eine Sonderstellung einnimmt, werden alle anderen, ob weiß, hellbraun, dunkelbraun, gelb oder grün, gerne als Knollenblätterpilze bezeichnet.

Die kulinarische Liebe zu Pilzen veranlasste meinen Vater zu einer besonderen Unternehmung. In einem Anfall von Experimentierfreude erwarb er in den späten 70er Jahren auf einer Messe Zuchtpilze für den eigenen Garten. Es handelte sich um »Braunkappen«, Pilzkenner kennen sie als »Riesen-Träuschlinge«.

Zunächst einmal organisierte er von einem befreundeten Landwirt zwei Ballen Stroh. Die mussten über Tage hinweg gut gewässert und dann mit der Myzelkultur des Pilzes »geimpft« werden. Das war natürlich Vaters Geschäft. »Geh weg«, wies er mich an, »ich kann dich jetzt nicht brauchen!« Das war die Redensart, die Vater benutzte, wenn er selbst unsicher war, ob sein Handeln Erfolg bringen würde. Auf der Gebrauchsanweisung stand, dass man im Optimalfall schon zwei Monate später leckere Pilze ernten könne.

Allein, sie wuchsen nicht. Keine Fruchtkörper, keine schokoladenbraunen Kappen. Keine Pilze. »Alles Schwindel«, schimpfte Vater und trauerte den gut 20 Mark nach, die die Pilzkultur gekostet hatte. Das Stroh wollte er dann aber auch nicht vergeuden und grub es im gesamten Nutzgarten als Dünger unter. So weit, so schlecht.

Das kommende Jahr bescherte uns einen warmen, aber feuchten Sommer – ideales Pilze-Wetter. Und eines Tages trauten wir unseren Augen kaum. Im Garten sprossen überall Pilze aus dem Boden. Braunkappen, wie wir freudig vermerkten. Hatte Vater doch nicht alles falsch gemacht. Das untergegrabene Stroh samt Pilzmyzel hatte hervorragend funktioniert. So viele Pilze wie in jenem Jahr haben wir nie wieder gegessen. Ich glaube, dass wir nur einen Bruchteil der Menge geerntet hätten, wenn das mit den Strohballen einigermaßen geklappt hätte. Und auch im Jahr darauf ließen sich noch Braunkappen blicken. Erst dann war der schöne Spuk zu Ende. Wir mussten also wieder in die Flusswiesen oder in Urlaub fahren, um an Pilze zu gelangen.

Die wilden Champignons auf den Wiesen verschwanden einige Jahre später mit der zunehmenden landwirtschaftlichen Industrialisierung. Auf unseren heutigen Agrargrassteppen findet sich kein einziger Champignon mehr. So bleiben die spätsommerlichen Dämmerungsstunden in den dunstüberzogenen Flusswiesen eine wunderbare Erinnerung, und Vaters Satz hallt nach: »Komm Junge, wir gehen in die Pilze.«

Kirschen, gut gespült

Sommerzeit ist Einmachzeit. Nach dieser Devise wurde in einem sparsamen Haushalt mit großer Selbstverständlichkeit gehandelt. Die Früchte, die unser Nutzgarten reichlich abwarf, konnten wir bei Weitem nicht alle zeitnah vertilgen. So blieb Mutter gar nichts anderes übrig, als Obst und Gemüse einzuwecken.

Weckgläser füllten die Regale in unserem Keller. Die praktischen Einmachbehältnisse, welche Rudolf Rempel zu Ende des 19. Jahrhunderts ertüftelt hatte und die der Fabrikant Johann Carl Weck zur Serienreife führte, beeinflussten besonders im Sommer den Tagesablauf in meinem Elternhaus. »Ich muss heute einmachen!« Mit diesem Satz rief Mutter eine Art Ausnahmezustand aus.

Das lief in der Regel so ab: Vater tat kund, dass eine bestimmte Gartenfrucht reichlich vorhanden sei und er sie am heutigen Tage ernten werde. Mutter wusste dann, dass es von da an kein Zurück mehr gab. Zunächst einmal wurden alle geeigneten Behältnisse in den Garten getragen. In meinem Elternhaus waren es eine große rosafarbene Plastikschüssel und ihr hellgrüner kleiner Bruder, dazu noch ein cremefarbener Plastikeimer.

Das Ernten ging Vater gut von der Hand, das machte er gerne. Wenn man ehrlich ist, gibt es kaum eine stärker motivierende Tätigkeit im eigenen Garten. Die Ernte ist der Beweis für eine erfolgreiche Gartenarbeit, sie stellt in der Tat einen geldwerten Vorteil dar und sie verheißt gute Lebensmittel. Allerdings baute Vater sehr großzügig und nicht bedarfsorientiert an. Stangenbohnen gab es beispielsweise in solchen Mengen, dass auch Nachbarn und Kollegen mit der Hülsenfrucht bedacht wurden. Da kaum jemand etwas gegen eine gute rheinische »Schnibbelsbonnezupp« (Suppe aus fein geschnittenen Bohnen) hat, nahmen sie die milde Gabe dankend an.

Bei Sauerkirschen und Mirabellen war es ähnlich. Davon hatten wir, neben Birnen und Pfirsichen, je einen gut tragenden Baum im Garten. Während Vater den Erntespaß genoss, blieb für Mutter die etwas weniger schöne Arbeit des Einmachens. Denn das Einwecken – diese Tätigkeitsbezeichnung ist dem ersten Produzenten von Einmachgläsern gewidmet – erforderte Planung, Sauberkeit und Zeitmanagement.

Zunächst musste das Erntegut gründlich gewaschen werden. Bei Sauerkirschen kam die lästige Arbeit des Entsteinens dazu, bei Stangenbohnen das Abschneiden der Spitzen und das Schnippeln. Jedes Obst und Gemüse erforderte eine andere Zubereitungsart. Dann mussten die Einmachgläser sehr heiß und gründlich gespült werden. »Sonst gehen die Gläser später auf!«, mahnte Mutter. Deswegen war die Hilfe des Kindes selten gefragt, da man ihm die notwendige Sorgfalt und hygienische Umsicht nicht zutraute.

Einmal hatte ich meiner Mutter und meiner Patentante einen großen Strich durch die Rechnung gemacht. Ich war gerade drei Jahre alt und wir lebten noch im Haus der Patentante. Auch dort gab es einen großen Sauerkirschbaum und somit war jährliches Einwecken angesagt.

Es war ein heißer Sommertag. Interessiert hatte ich als staunender und lernwilliger Dreijähriger das geschäftige Treiben im Hof des Hauses verfolgt. Insbesondere das schäumende Spülwasser, mit dem die Weckgläser gereinigt wurden, das akribische Ausspülen derselben und das sorgfältige Abtrocknen mit den rot- und blaukarierten Geschirrtüchern hatten mich beeindruckt. Auf meine vorsichtig eingeworfene Frage nach dem »Warum« hatten Tante und Mutter nur geantwortet: »Das muss alles sehr sauber sein, sonst bekommst du im Winter keine leckeren Kirschen!« Das war ein Argument.

Zwar stellte ich als Dreijähriger noch keine Überlegungen zur winterlichen Versorgungslage an, aber Kirschen hatte ich schon als kleiner Knirps sehr gerne. Und dass es mangels Sauberkeit im Winter keine eingemachten Kirschen geben könnte, das war keine gute Aussicht.

Als Tante und Mutter feststellten, dass nicht genug Einmachzucker im Haus war, sattelten sie schnell die Fahrräder, um im Ort Nachschub zu besorgen. Im Hof standen indes die offenen Einmachgläser mit den bereits abgefüllten Sauerkirschen, die nur noch auf den Zucker mit den besonders großen Kristallen warteten. Ich stellte einige Überlegungen zum Thema »Sauberkeit« an, betrachtete die guten Kirschen, blickte auf die rosafarbene Flasche mit der Aufschrift »Spüli« und legte mir eine Strategie zurecht. Die war relativ einfach: Wenn die Kirschen besonders sauber sein mussten, konnte ein zusätzlicher Schuss Geschirrreiniger nicht schaden. Ich schritt zur Tat und jedes, wirklich jedes

Einmachglas erhielt einen Extrakick Spülmittel. Immer hinein!

Bald waren Tante und Mutter zurückgekehrt. Sie zuckerten fein die Kirschen und gossen ein wenig Wasser hinzu. Sogleich schäumten sie gewaltig – und wenig später auch Tante und Mutter. »Was hast du gemacht?«, startete Mutter das Verhör in wenig versöhnlichem Tonfall. Ich war sofort und in vollem Umfang geständig. Für Mutter und Tante brach eine Welt zusammen. Die schönen Kirschen! Alles dahin!

Doch in den frühen 60er Jahren gab es ein Lebensmittel-Grundgesetz, das fest in der Gedankenwelt eines jeden Haushalts verankert war. Es lautete: »Nichts wird weggeschmissen!« Demgemäß gingen Tante und Mutter dazu über, alle Sauerkirschen aus den Gläsern zu holen und gründlich zu wässern und zu spülen, bis nichts mehr schäumte. Danach durften die Kirschen wieder zurück in die Weckgläser und wurden dem Einmachvorgang zugeführt.

Im Winter gab es dann Kirschen, die noch ganz leicht nach Spülmittel schmeckten und so gut wie keinen Saft im Einmachglas gezogen hatten. Jedes Mal, wenn diese Kirschen auf den Tisch kamen, erntete ich vorwurfsvolle Blicke. In jenem Jahr war meinetwegen wirklich nicht gut Kirschen essen.

Als wir dann im eigenen Haus lebten und einen Keller zur Verfügung hatten, gab es auch einen »Einmachkeller«. Dort standen mehrere Regale voll mit Weckgläsern: Stachelbeeren, Kirschen, Birnen, Pfirsiche, Mirabellen, Pflaumen, Apfelmus, Gewürzgurken, Buschbohnen, Stangenbohnen, Kürbis. Hinzu kamen eingelegte Gurken und Senfgurken.

Zu unserem Einkochkessel gehörten ein Einmachthermometer und ein Gestell, auf das fünf Einmachgläser passten. Außerdem besaßen wir eine Menge Weckgläser und die entsprechenden Klammern, die beim Einmachvorgang den Glasdeckel auf den Gummiring und das Glas pressten. All diese Utensilien hatte ich bei der Haushaltsauflösung vor einiger Zeit noch einmal in der Hand.

»Wer will denn so ein Zeug?«, fragte mich eine Helferin, als ich den Gedanken äußerte, ob man das vielleicht noch brauchen könne. Ja, die Zeiten haben sich geändert. Heute gibt es frisches Obst und Gemüse an 365 Tagen im Jahr. Aber ich erinnere mich gerne an die geschäftigen Einmachtage im Elternhaus, sie gehörten einfach zum Sommer dazu. Ihnen lag die Philosophie des günstigen, umweltfreundlichen und nachhaltigen Hauswirtschaftens zugrunde.

Heute ist Elisabeth

»Heute ist Elisabeth!« Bei diesem Satz ziehen Jüngere und Nichtkatholiken wahrscheinlich die Stirn in Falten. Wenn überhaupt, hört man ihn nur am 19. November. Er drückt in drei Worten aus, dass an jenem Tag in der katholischen Kirche das Fest der heiligen Elisabeth von Thüringen gefeiert wird.

Der Katholik in der Prägung des frühen 20. Jahrhunderts betrachtete den Geburtstag als etwas Unvermeidliches und sah darin wenig Grund zum Feiern, zumal das Leben vor allem Leid und Mühsal mit sich brachte. Dagegen stand der Festtag des Namenspatrons hoch im Kurs! Ganz im Sinne des Trostes, den die Kirche uns mit ihrem Bodenpersonal und ihren Heiligen zur Verfügung stellt.

Für meine Patentante, die 1911 das Licht der Welt erblickte, war der 19. November also der wichtigste Tag des Jahres. In der Zeit, von der dieses Buch hauptsächlich handelt, lag der Elisabethtag kalendarisch recht günstig. Fiel er auf einen Donnerstag, Freitag oder Samstag, so wurde am folgenden Sonntag »groß gefeiert«. War es ein Montag oder Dienstag, so stieg das Fest am Mittwoch. Das war zugleich der evangelische Buß- und Bettag, der damals noch bundesweit ein gesetzlicher Feiertag war. Ideal für eine veritable Familienfeier.

Zu jener Zeit verstand man unter »groß feiern« eine gemütliche, ausgedehnte Kaffeetafel mit einem kleinen abendlichen Imbiss. Wer also dem damaligen Protokoll Rechnung tragen wollte, hatte zwischen 14.30 und 15.00 Uhr einzutreffen. Spätestens um 20.00 Uhr wurde das Feld wieder geräumt. Meine Patentante war 49 Jahre älter als ich, also quasi eine Ersatzoma. Entsprechend betagt waren die Gäste. Meine Eltern und ich bildeten alterstechnisch meist das Ende der Besucherliste.

Den Wohnzimmertisch konnte man mit einer kleinen Kurbel auf Kaffeetafelhöhe anheben. Das war meine Aufgabe, die ich gerne erledigte, weil das Kurbeln mit einem Quietschgeräusch einherging, das durch Mark und Bein schoss. Kein Wunder, der Tisch wurde seit Jahren ausschließlich am 19. November sowie zu Weihnachten und Ostern angehoben. Sonst nie.

Geladen waren Freundinnen und Nachbarn von Tante Elisabeth sowie ich als Patenkind in Begleitung meiner Eltern. Meine Mutter schenkte meiner Tante alljährlich die unumstrittene Königin einer jeden Kaffeetafel: einen von A bis Z selbst gemachten Frankfurter Kranz. Teig, Buttercreme und Krokant fertigte Mutter wie ein gelernter Konditor. Ich verstand beim ersten Kuchenstück, warum die Tante darauf bestand, dieses Meisterwerk als Geschenk zu erhalten.

Eine befreundete Nachbarin meiner Tante brachte in jedem Jahr ein Backwerk mit, dem ich augenblicklich verfallen war. Es handelte sich um faust- bis kanonenkugelgroße Windbeutel. Gefüllt waren diese mit Unmengen von Schlagsahne und Sauerkirschen. Die Sahne war mit Vanillezucker gesüßt und aromatisiert worden, während der Saft der Sauerkirschen mit rotem Tortenguss gebunden worden war. Gefühlt enthielten diese meisterlichen Windbeutel einen halben Liter Sahne und ein halbes Einmachglas Sauerkirschen.

Als Kind hatte man es auch damals schon gut: Niemand nahm es einem übel, wenn die Augen größer waren als der Appetit. Aber ein Stück Frankfurter Kranz und mindestens ein Windbeutel gingen immer. Meine Tante war keine geborene Bäckerin. Doch auch sie steuerte einen Kaffeetafel-Klassiker jener Zeit bei: Biskuitboden mit Sauerkirschen und Schlagsahne.

Die Zubereitung war denkbar einfach: Beim Bäcker erstand die Tante einen Biskuitboden. Sie öffnete ein Einmachglas Sauerkirschen, goss diese in ein Sieb und belegte den Boden mit den abgetropften Kirschen. Den Saft dickte sie unter Kochen mit Tortenguss ein und goss ihn über den Kuchen. Das sah immer sehr appetitlich aus. In Ermangelung eines elektrischen Rührgeräts hätte sie die Schlagsahne mit einem Handmixer schlagen müssen. Das war eindeutig zu viel Arbeit. Also durfte ich am Vormittag zum Milchmann gehen und dort eine große Schüssel geschlagene Sahne zum Preis von 50 Pfennigen erstehen. Das musste für die rund ein Dutzend Gäste reichen.

Weil meine Tante aber doch das Gewissen plagte, die angebotene Kuchenmenge könne eventuell zu knapp sein, fuhr sie noch eine Geheimwaffe auf. In jedem Jahr stand zusätzlich eine Schüssel mit dem Allroundgebäck der 60er Jahre auf dem Tisch: Butterkeks. Diese Kekse wurden nicht mit gewöhnlicher Butter hergestellt, sondern mit »guter

Butter« – dafür bürgte Herr de Beukelaer mit seinem Namen. So zumindest der Glaube meiner Tante.

Wenn die Kaffeetafel aufgehoben wurde, nickte eine Freundin meiner Tante regelmäßig ein, trotz der zwei Tassen Kaffee, die sie intus hatte. Der bereits erwähnte Will erhob sich von seinem Stuhl und rauchte erst mal eine Reval ohne Filter. Damals störte es selbstverständlich niemanden. Wills Frau war Gebissträgerin und kämpfte mit den Kuchenresten, während die anderen Gäste die dabei entstehenden Geräusche bewunderten. Meine Tante und meine Mutter gingen in die Küche zum Spülen. Ordnung musste schließlich sein.

Den Männern wurde Bier und Weinbrand angeboten. Ich freute mich, denn für mich gab es Orangenlimo. Die Frauen genehmigten sich ein Getränk, das gerade beim weiblichen Geschlecht viele Fans hatte und immer noch hat: Eierlikör. Der gehörte einfach dazu. Wenn Vater nicht zuschaute, ließ Mutter mich mal nippen: »Aber nur ein Mal.«

Die Schüssel mit den Butterkeksen blieb auf dem Tisch und weitere Knabbereien gesellten sich hinzu. Tante Lieschen – so ihr gängiger Rufname - brachte ein dunkelgrünes Glas mit goldfarbenem Halter und bestückte es mit Salzstangen, die darin standen wie die Menschen in der Tokioter U-Bahn. Dann holte sie eine viereckige Holzschüssel mit abgerundeten Kanten und füllte sie mit einer weiteren Leckerei der 60er, den Goldfischli. Die kleinen, braun glänzenden und leicht salzigen Mürbeteigplätzchen in Fischform gehörten ebenfalls zur Tradition. Schließlich kramte Tante eine dritte Schale heraus und tischte eine letzte unvermeidliche Knabberei auf: den Kräcker.

Während die Raucher die Luft weiter »verdickten«, sprachen alle den Knabbereien zu und tauschten Neuigkeiten aus. Die Gespräche drehten sich zunächst nur um ein Thema: die aktuellen Todesfälle im Ort. Die Erörterung reichte von der jeweiligen Krankengeschichte bis hin zur Todesursache. Das begann meist mit der harmlosen Frage: »Wisst ihr eigentlich, wer gestorben ist?« Bei der tiefergehenden Analyse fiel häufig der Satz: »Der hatte doch Krebs, oder?«, worauf die Mutmaßung folgte: »Hatte der nicht auch ein Kriegsleiden?«, was dann negiert wurde mit dem Hinweis: »Der hat doch immer so gesoffen.« Wobei das oft auch eine Folge erlittener Kriegstraumata war, was damals aber wenig Beachtung fand.

Waren diese Analysen hinreichend und mehr oder weniger erfolgreich durchgeführt, wandte sich die Festgesellschaft den Skandalfamilien des Ortes und dem Treiben ihrer »verkommenen Brut« zu. Auch wurden gesellschaftliche Fragen erörtert. Das Verhalten »der Jugend« kam kritisch in den Blick, genauso wie deren Frisuren und die gängige Mode. Alles begleitet vom Knuspergeräusch der Knabbereien, denn diese naschten die aufgeregten Diskutanten eifrig, während das Licht der Wohnzimmerlampe (sechs Glühbirnen von je 40 Watt) inzwischen Mühe hatte, die Tabakrauchschwaden zu durchdringen.

Kurz vor dem »Abendbrot« läutete meine Tante eine kurze Festpause ein. Bevor der Zigarettenrauch endgültig siegte, rief sie: »So, jetzt wird mal gelüftet.« Nach dem Lüften gab es ebenfalls einen Klassiker: Kartoffelsalat mit Würstchen, jeweils begleitet von einer gefächerten Gewürzgurke, einer Scheibe Tomate, einem halben hartgekochten Ei und einem Blatt krauser Petersilie.

Das Würstchen war immerhin vom Metzger, schön dick,

saftig und knackig. Dazu gab es einen Klacks Senf. Beim Anblick der blauweißen Tube war man allerdings froh, dass es damals noch kein Mindesthaltbarkeitsdatum gab. Das war auch nicht nötig. Bedenken über das mögliche Alter des Senfes wurden schnell zerstreut: »Der wird ja nicht schlecht.« Und wer weiß, vielleicht würden sich ja alle – und auch der Senf – im nächsten Jahr wiedersehen, wenn es hieß: »Heute ist Elisabeth!«

Leckeres mit Kartoffeln

Die Kartoffel zählt zu den liebsten kulinarischen Kindern des Deutschen, weswegen er in abfälliger Weise manchmal selbst so genannt wird. Das wird aber weder dem Deutschen noch der Kartoffel gerecht. In meiner Kindheit hat gerade die Kartoffel für viele positive Geschmackserlebnisse gesorgt.

An früherer Stelle hatte ich den Zauber des Kartoffelfeuers und den besonderen Geschmack der darin gegarten frischen Knollen erwähnt. Ein anderes Kapitel widmete sich der ungekrönten Königin der Kartoffelprodukte, der Fritte. In der Zeit, die ich hier hauptsächlich beschreibe, war die Kartoffel zudem ein wichtiger Bestandteil vieler Mahlzeiten. Wiewohl ihr fast immer die Rolle der Begleiterin zukam, kann die Kartoffel auch als Hauptdarstellerin glänzen.

Gab es bei uns zum Mittag Salzkartoffeln, schälte Mutter immer ein paar mehr. »Die brate ich für Papa später an«, lautete ihre Intention. Denn gab es abends Bratkartoffeln, besserte sich die Laune meines Vaters auf wunderbare Weise. Nach den Mühen eines Arbeitstages und einiger Tätigkeiten im Garten freute er sich auf die knappe arbeitsfreie Zeit. Und wie konnte man die besser einläuten als mit einem Teller Bratkartoffeln? So gehörte es abends um sieben, wenn für mich die Bettruhe nahte, zum väterlichen Ritual, einen Teller der knusprigen Köstlichkeit zu verspeisen.

Bratkartoffeln waren in den damaligen Küchen omnipräsent. Unsere früheren Nachbarn hatten nicht nur einen Bauernhof, sondern auch drei Söhne. Gegen fünf Uhr nachmittags stellte die Bäuerin zwei große Pfannen auf den Herd, die bis zum Rand mit klein geschnittenen, gekochten Kartoffeln gefüllt waren. Gegen sieben kamen die Söhne nach und nach aus dem Stall, später auch der Bauer selbst. Man kann sich vorstellen, welche Mengen von Bratkartoffeln dort täglich verdrückt wurden.

Und fast jeden Abend stritten sich drei Bauernsöhne lautstark um die Größe der Bratkartoffelportion und die Qualität der selbigen. »Der hat mir die ganzen schönen Bratkartoffeln weggefressen!«, lautete die Anklage des Erstgeborenen, als der Jüngste des Trios sich erdreistet hatte, all jene Bratkartoffeln reichlich aus der Pfanne zu fischen, die die schönste goldbraune Kruste hatten.

Etwas anderes auf den Tisch zu bringen hätte die Bäuerin nie gewagt. Es hätte mit ziemlicher Sicherheit einen großen Aufstand gegeben. So sehr war man den Bratkartoffeln verbunden.

Ein großes Fest war es auch immer, wenn wahlweise meine Mutter oder meine Patentante auf die stets beliebte Idee kamen: »Heute gibt's Reibekuchen!« Wahrscheinlich nicht nur im Rheinland rennt man damit offene Türen ein, auch wenn die Reibekuchen anderswo Kartoffelpuffer, Kartoffelplätzchen oder Reiberdatschi heißen. Im Spätsommer gab es aus Mutters Küche die besten Reibekuchen, wenn gerade die mittelfrühen Kartoffeln geerntet waren und die Obstwiesen die ersten Fallobstäpfel anboten. Daraus ließ sich ein geschmacklich einwandfreies Apfelmus kochen.

Mutter schaffte es immer wieder, sie perfekt goldbraun und knusprig zu braten. Ich war dann ihr bester Kunde und alle staunten darüber, wie viele Reibekuchen ein kleiner Junge verdrücken konnte. »Wo steckst du die hin?«, wurde ich oft gefragt. Keine Ahnung. Sie schmeckten, rutschten gut und fanden im kleinen Kindermagen stets ausreichend Platz. Großartig!

Meine Patentante war küchentechnisch nicht so gut ausgestattet. Sie griff gerne mal auf eine kleine Packung zurück, die ein feinflockiges Pulver enthielt, das mit Wasser angerührt werden musste. »Pfanni« konnte ich als Erstklässler entziffern und darunter das Wort »Reibekuchen«. Das hatte ich von Mutter anders in Erinnerung. Aber letztlich schmeckten mir auch Tantes Reibekuchen.

Die Leidenschaft für diese leckere Kartoffelvariante ist mir geblieben und ich kenne kaum jemanden, der sie nicht teilt. Allerdings hat der gemeine Reibekuchen eine unschöne Eigenschaft: Der fettige Bratgeruch krallt sich regelrecht in allem fest, was er greifen kann. Die gesamte Wohnung nimmt für Stunden den Geruch des Reibekuchens an, die Kleidung ebenfalls. Das wird angesichts des Genusses aber gerne in Kauf genommen. Damals wie heute.

Zum Reibekuchen-Ritual gehörte auch immer die Tasse Kaffee danach. Und es ist so: In dem ordentlich durchgefetteten Gaumen entwickelt sich der Geschmack eines guten Kaffees besonders gut. Deshalb führte ich dieses Ritual, selbst als ich älter wurde, unbedingt fort. Der Kaffee war sozusagen das Ausrufezeichen hinter dem Wort »Reibe-kuchen«. Reibekuchen!

Ebenso gern gesehen waren gerade in der Erntezeit die »Pellkartoffeln mit Quark«. Auch wenn man sich beim Pellen fast oder tatsächlich die Finger verbrannte, so wog der nachfolgende Genuss der mehligen, mürben Kartoffel in Verbindung mit einem würzig angemachten Kräuterquark alles wieder auf. Auch hiervon konnte der praktizierende Kindergourmet erstaunliche Mengen verdrücken. Manche bezeichnen ein solches Gericht als »Arme-Leute-Küche«. Mag sein. Aber auf alle Fälle auf Sterneniveau.

Gab es Mutters Kartoffelsuppe, dann war meine Eintopfallergie schnell vergessen. Denn die schlichte, nach feinem Speck schmeckende Suppe verlangte nach einer Brühwursteinlage. So wie der Kartoffelsalat ebenfalls nicht ohne einen Knacker an der Seite auskommen konnte. Aber der heimliche Hauptdarsteller war immer die Kartoffel. Die deutsche Hausmannskost ist im Grunde ein einziges Loblied auf diese vielseitige Erdfrucht. Soll man uns Deutsche ruhig »Kartoffeln« nennen. Ohne Kartoffel wäre die Küchenwelt um einiges ärmer. Das kann niemand wollen, auch heute nicht.

Gastronomisches

»Lass uns hier einen Kaffee trinken!«, beschloss mein Vater, denn die Wanderung im Ausflugsort sollte einen würdigen Ausklang finden. Über dem Eingang der Lokalität prangte eine dunkelgelbe Neonröhre, die das Wort »Cafe« in einer Art Schreibschrift formte – ohne Accent aigu, weil das elektrotechnisch wohl nicht möglich war. An der Seite befand sich die Terrasse. Blaue Sonnenschirme mit der Aufschrift »Schöller Eis« reihten sich aneinander. Darunter standen sehr kleine, runde Tische, umstellt von Stühlen in Weiß, Blau und Rot. Die Gestelle aus weißen Metallrohren ragten in die Höhe, bespannt mit farbigen Plastikschnüren. Die Stühle fühlten sich beim Daraufsetzen so an, als seien sie hoffnungslos durchgesessen, weil der Kunststoff – wie Mutter immer so schön sagte – »nachgelassen« hatte. Auf dem Tisch lag ein weißes rundes Deckchen von etwa 20 Zentimeter Durchmesser, darauf stand ein dreieckiger Aschenbecher, cremefarben mit abgerundeten Ecken und Kanten. In dessen Mitte prangte die Aufschrift »Dujardin Imperial« – zwei Worte, die auszusprechen sich der kleine Kindergourmet noch etwas schwertat.

In einem metallenen Ständer befand sich die postkartengroße »Karte«. Kaffee, Tasse, Kännchen, Tee, Kakao,

Limonade, Coca-Cola, Pils – das konnte ich entziffern. Auf der anderen Seite der Karte eröffneten sich dann die kulinarischen Perspektiven. »Eis« stand oben drüber. Es gab fünf Sorten und drei Bechervarianten. Ganz unten las ich das Wort, das mir Verheißung wie Erlösung bot: »Kinderbecher«.

Während Mutter den Fürst-Pückler-Becher nahm, also Vanille, Schoko, Erdbeer, dazu einen Tuff Sahne und obendrauf eine Erdbeere, bekam ich den Kinderbecher: Vanille, Schoko und Sahne, aber ohne Erdbeere. Stattdessen zierte ein dunkelrotes, mit gelben Tupfen versehenes Papierschirmchen meine Eisportion. Vater trank ein Kännchen Kaffee und regte sich darüber auf, wie teuer der hier sei.

Die Stühle wackelten und auch der Tisch war nicht der standhafteste. Also beeilte man sich, die gereichten Köstlichkeiten zu vertilgen, um die Bedienung heranzurufen und die ausstehende Schuld zu begleichen. »4,30 Mark«, sagte die Kellnerin in schwarzem Rock, weißer Bluse und weißem Schürzchen. Vater bezahlte, gewährte sogar ein großzügiges Trinkgeld, indem er auf 4,50 DM aufrundete. Doch auf der Straße begann die Aufregung: »Das war vielleicht eine Apotheke!«

Gastronomie in den 60ern, das war eine andere Welt im Vergleich zur heutigen Multikulti- und Eventgastronomie. Damals beschränkte sich der Eventanteil auf das bereits erwähnte Papierschirmchen im Kinderbecher.

In der Nähe meines Heimatortes gab es eine Art Waldrestaurant. Familien besuchten es gerne sonntags, um das Feiertagsmenü mit einem Waldspaziergang zu kombinieren. Es gab nur zwei Gerichte, was zum Erfolgsrezept der schon betagten Betreiberin gehörte.

Einmal hatte meine Patentante uns dort zum Essen eingeladen. Konnte man mich bereits zu Hause mit Braten jagen, so besserte sich meine Lust auf die geschmorte Fleischscheibe in der gesunden Waldluft keineswegs. Was die Erwachsenen nur alle daran fanden, zumal das Waldrestaurant relativ gewöhnlich ausgestattet war. Da es unter hohen Bäumen lag, war es im Innern sehr dunkel. Die Einrichtung entsprach den üblichen Standards der 60er.

Auf dem Linoleumfußboden standen die herkömmlichen Vierertische mit den gängigen Gastronomie-Holzstühlen. Sehr einfache, recht stabile, dunkelbraune Stühle mit gebogener Rückenlehne. Auf der Sitzfläche lag ein dünnes, dunkelrotes Kissen. Auch hier durften die damals obligatorischen Aschenbecher nicht fehlen. Es wurde aber vergleichsweise wenig geraucht. Dennoch legte sich Zigarrenrauch – Handelsgold und Tropenschatz zu 10 Pfennigen – über alle Plätze. Entsprechend passte der grüne, runde Aschenbecher mit der Aufschrift »Handelsgold« und »Brasil«.

Wir bestellten Braten für vier Portionen. Wie immer gab es Rinder- und Schweinebraten, dazu Salzkartoffeln und Gemüse, das üblicherweise aus Erbsen und Möhren bestand. Nachdem meine Tante die Bestellung aufgegeben hatte, orderte Vater die Getränke: ein Pils (für sich selbst), zwei Schuss (halb Malzbier, halb Pils) und eine Limo (für das hoffentlich brave Kind). Die Getränke kamen zügig und Vater nahm gleich einen großen Schluck. Ich nippte sparsam an der Limo, weil ich wusste, dass ich mit dem Getränk auskommen musste. »Teil dir das gut ein«, mahnte Vater immer, denn ein zweites Glas gab es nur für Erwachsene. So zumindest die Familienregel.

Die Bedienung brachte eine viereckige weiße Porzellanschüssel, gefüllt mit einer großen Menge Salzkartoffeln. Hinter dem aufsteigenden Dampf konnte ich kleine grüne Punkte erkennen. Damals war es Usus, Salzkartoffeln mit wenig feingehackter Petersilie zu bestreuen. Ja, das sah appetitlich aus.

Dann folgte eine Edelstahlplatte aus »Cromargan«, wie Mutter mit Kennerblick feststellte. Diese war ordentlich mit Erbsen und Möhren belegt. Aus beiden Schalen ragten große, leicht abgewetzte Löffel. Dann kam, ebenfalls auf »Cromargan« gelegt, der Braten. Und noch eine Sauciere mit viel appetitlich brauner Bratensauce.

An jenem Tag war ich für Braten jedoch nicht empfänglich. Kartoffeln und die Sauce waren zu ertragen, Erbsen und Möhren natürlich toll. Während die Erwachsenen sich ordentlich am Fleisch bedienten, wurde ich gescholten, da ich den Braten ablehnte und verschmähte. Vater, Mutter und Tante waren sehr bemüht, die gereichten Portionen zu bewältigen. Denn wenn man schon bezahlte, dann sollte auch nichts zurückgehen. Bei Restaurantbesuchen griff die alte Regel »Das wird gegessen!« selbstverständlich auch, erfuhr aber noch eine Erweiterung. Diese lautete: »Es wird alles aufgegessen!« (Mit der gedanklichen Ergänzung: »… und nichts weggeschmissen.«)

Als wir uns gut gefüllt auf den Waldspaziergang machten, wurde mit Vorwürfen in meine Richtung nicht gespart, da ich keinen Braten gegessen hatte. Die Erwachsenen waren sich einig, dass das Essen ordentlich war, aber – wie Vater feststellte – »nix Besonderes«. Mutter fügte hinzu: »Wenigstens mussten wir heute nicht kochen und spülen.« Tante nickte. Sie war schließlich die generöse Gastgeberin gewesen. Doch auch sie musste feststellen: Zu Hause saß man besser und es schmeckte dort auch besser. Ich hingegen hatte einmal mehr Grund zu der Annahme, dass Erwachsene ganz schön komisch sein können. Und ich fragte mich: »Warum machen die das eigentlich. Essen gehen?«

Ein eisiges Kapitel

Es war in den frühen 60er Jahren schon eine kleine Sensation, als in unserem Ort eine Eisdiele eröffnete. »Venezia« stand in schwarzer Schreibschrift auf der Neonwerbung, umrahmt vom üblichen König-Pilsener-Schriftzug. Der Inhaber hatte zwar einen durch und durch deutsch klingenden Namen, war aber zu hundert Prozent Italiener. Das Geheimnis war schnell gelüftet: Er stammte aus Südtirol. Gerade für die Älteren, die 25 Jahre zurückdachten, war die Achse Deutschland – Italien irgendwie noch positiv besetzt. Und außerdem: Ein Italiener mit deutschem Namen, dann konnte er ja kein Schlimmer sein.

Die Eisdiele trug ihren Namen völlig zu Recht. Der Kunststeinfußboden und die Sitzmöbel aus Edelstahlrahmen mit kunststoffbezogenen Sitzflächen und Rückenlehnen sowie die kleinen, runden Metalltische ließen das Ganze sehr kühl und spartanisch wirken. An den Wänden hingen Ölbildimitationen mit den Portraits schwarzhaariger mediterraner Schönheiten, eine Wand war mit einem Südtiroler Alpenpanorama bemalt.

Betrat man die Eisdiele, so steuerte man direkt auf die Theke zu. Rechts befand sich das Gestell mit den unterschiedlichen Hörnchen. Ein kleines bekam man, wenn man eine Kugel orderte. Bei zwei und drei Kugeln gab es ein größeres. Und für die unverantwortlich riesigen Portionen standen noch größere Hörnchen bereit. Eine Kugel Eis kostete natürlich 10 Pfennige. Die Kinder der 60er waren, wie erwähnt, Groschenkinder.

In die Theke waren runde Eisbottiche eingelassen. Die waren so tief, dass man das Eis nie sehen konnte. »Ein Eis im Hörnchen für 20 Pfennig, Schokolade und Vanille«, so rief ich über die Theke. Die Höflichkeitsfloskel »bitte« vergaß ich im emotionalen Ausnahmezustand der Vorfreude leider meist.

Die Eisverkäuferin nahm das Hörnchen in die linke Hand, den Portionierer in die rechte. Dann verschwand der rechte Arm tief im Eisbottich und schon reichte sie ein appetitlich gefülltes Waffelhörnchen über die Theke. »20 Pfennige bitte«, sagte sie. Ich händigte brav zwei Groschen aus und stürmte nach draußen. Hmm, lecker, ein Bällchen Vanille und selbstverständlich ein Bällchen Schoko. Beim nächsten Mal würde ich Zitrone probieren, oder doch lieber Nuss. Womit, bis auf Erdbeere, das gesamte Sortiment schon genannt ist.

Damit der Laden lief, hatte der Eiscafébetreiber auch einen ganz normalen Gaststättenausschank installiert. Ging die Familie tatsächlich mal »ein Eis essen« – was in jenen sparsamen Zeiten vielleicht zweimal pro Jahr vorkam –, dann hing in der kühlen Eisdiele immer noch der Geruch des Frühschoppens in der Luft. An der Theke wehte ein leiser Biergeruch und der Rauch der Zigarren und Zigaretten machte sich bemerkbar. Dagegen musste das Eis »anschmecken«. Aber es war original italienisches Speiseeis, das schaffte so etwas spielend.

In den frühen 70er Jahren wurde die Palette der fünf Geschmacksrichtungen erweitert. Nach und nach hielten Malaga, Pistazie und Stracciatella Einzug in die Diele. Das leckere Malaga mit den Rosinen war immer ein Diskussionsgegenstand zwischen meinen Eltern und mir. Es war zwar Vaters Lieblingseis, aber war da nicht Alkohol drin? Und war dieses Eis dann für den nicht mehr ganz so kleinen Kindergourmet geeignet? Wir einigten uns auf einen Kompromiss: Maximal eine Kugel Malaga pro Hörnchen.

Witzigerweise sagten viele Kinder zum grünen Pistazieneis »Waldmeister«. Denn das hatte man gelernt: Alles, was irgendwie süß und grün war, trug in jener Zeit diese Bezeichnung. Die Eisverkäuferin wusste aber sofort, was die Kinder da verlangten, und portionierte sogleich das Pistazieneis. Niemand wunderte sich, dass die leckere grüne Masse süß und nussig, aber nie nach Waldmeister schmeckte. Stracciatella aßen wir Kinder nur selten. Der Grund war ebenso einfach wie verständlich: Wir konnten das Wort nur unter Mühen und mit großer Angst vor der Blamage aussprechen. Da blieb man lieber bei der Kombination Vanille/Schokolade. Und war Stracciatella nicht auch ein Vanille/Schokolade-Mix? Nein, war es nicht. Aber was wussten wir schon?

In den späten 70ern kam eine neue Eismode auf, die uns Kindern gefiel. Für einen Groschen gab es im Lebensmittelmarkt plötzlich schmale, kleine, verschweißte Kunststoffbeutel, die neben unserem geliebten Langnese-Eis in der Kühltruhe lagen. Sie enthielten ein sehr hartes Wassereis, wahlweise leuchtend gelb, giftgrün oder tiefrot. Das war tatsächlich mal ein, zwei Sommer lang der absolute Hit für uns Kinder.

Im Grunde genommen war es gefrorenes, gefärbtes Zuckerwasser. Die ersten zwei Drittel konnten wir wie ein Eis durch Lutschen konsumieren. Das letzte Drittel blieb als farbiges Schmelzwasser im Beutel und wurde – meist unter entsprechenden Geräuschen – herausgeschlürft. Danach hatten wir das Verlangen, allen und jedem die Zunge herauszustrecken, weil diese mindestens eine halbe Stunde lang die Farbe des Eises angenommen hatte. Deshalb war besonders die giftgrüne Variante sehr beliebt.

Ein bestimmtes Eisereignis gab es für mich nur »in der Stadt«. Wenn wir Einkaufsfahrten in die nahegelegenen Großstädte unternahmen, hatten Mutter und Tante vor allem Bekleidungs- und Stoffgeschäfte im Auge. Ich aber hielt Ausschau nach einer bestimmten Automatensorte. Diese tauchte, gemeinsam mit einem weiß bekittelten Verkäufer, vor allem an belebten Plätzen auf. Wie glücklich war ich dann, wenn ich auf einem Fähnchen oder einem Schild das Wort »Soft-Eis« entziffern konnte.

Es gab Portionen zu 50 Pfennigen und 1 Mark. Das war deutlich mehr, als das Eis im Heimatort kostete, aber jeder wusste, dass das Stadtleben eben teurer und exklusiver war. Augenblicklich fing ich an zu quengeln, dann erbarmte sich meine Patentante, und ich erhielt ein Softeis. Verschiedene Sorten gab es in der Regel nicht. Die Masse, die da aus der Tülle ins Hörnchen floss, war weißbraun, folgte also den Geschmacksrichtungen Vanille/Schokolade. Das bedurfte keinerlei Genehmigung des Kindergourmets, das war Eisstandard. Das Softeis trug seinen Namen völlig zu Recht und war entsprechend schnell vertilgt. Ich fand das immer großartig.

Als dann herauskam, dass die Softeisautomaten beinahe alle Bakterienrekorde dieser Welt schlugen, verschwanden sie nach und nach. Vielleicht zeigten sich deshalb viele Kinder der 70er im späteren Leben so widerstandsfähig gegen Krankheiten aller Art? Nach zehn Portionen Softeis war der Körper wahrscheinlich so gestählt, dass andere Bakterien und Erreger – oder »Bazillen«, wie meine Mutter immer sagte – nicht den Hauch einer Chance hatten. Wissenschaftlich zwar nicht nachzuweisen, aber eine »Impfung« durch Eiscreme – das hätte doch was …

Super Bowl(e)

Das mächtigste Möbelstück in unserem Wohnzimmer war ein großer Wohnzimmerschrank, der aber Mitte der 70er einer Schrankwand aus rustikaler Eiche weichen musste. Diese besaß eine eingebaute Vitrine mit zwei Türen und bleiverglasten Fenstern, welche den Blick auf sehr viel Gläsernes freigaben. Manchmal schalteten wir die integrierte Innenbeleuchtung ein, und dann standen sie da in voller Pracht: die vier großen Römer. Das waren farbige Weingläser, die meinen Eltern im Bayerischen Wald so gefallen hatten. »Echt Zwiesel«, sagte Mutter immer. Die Schnapsgläser daneben kamen nur zum Einsatz, wenn eine große Feier anstand oder wenn Vaters Fußballkollegen etwas »besprechen« mussten.

Mein Blick wanderte stets zu dem Giganten des Gläserschrankes: ein bauchiges, mindestens zweieinhalb Liter fassendes Glas mit Deckel und Schöpflöffel. Die Kombination gab mir Rätsel auf. Für mich hatte dieses Gefäß große Ähnlichkeit mit einem Goldfischglas. Außen herum gruppierten sich sechs hübsche bauchige Gläser und ein kleiner Messingständer mit sechs Glasspießchen. Ihre Spitzen besaßen einen angedeuteten Widerhaken und am anderen Ende befand sich jeweils ein Motiv: ein Apfel, eine Birne, eine Erdbeere, ein vierblättriges Kleeblatt, ein Fliegenpilz und ein Schornsteinfeger. Die Spieße sahen sehr hübsch aus, waren aber für mich als Spielzeug unzugänglich. »Die machst du nur kaputt«, hieß es, wenn ich mal wieder meine Begehrlichkeiten bezüglich der Spieße äußerte.

Dieses gläserne Arrangement war einem Getränk geschuldet, das zu jeder Feierlichkeit in den 60ern und 70ern dazugehörte: Bowle. Das war der absolute Hit bei Familienfeiern aller Art. Meine Patentante war ebenfalls dafür ausgestattet, allerdings mit einer relativ bunten Keramikvariante. Sie hatte auch nicht diesen hübschen Ständer mit den Spießchen. Gab es bei ihr Bowle, hielt sie dafür dunkelrote Plastikspießchen mit der Aufschrift »Puschkin« vor. Ich rätselte oft, was dieses wohl aus dem Russischen kommende Wort bedeuten sollte.

Obgleich die Bowlenzubereitung einfach war, wurde sie in unserem Hause strategisch angegangen. Eine Schüssel Bowle verlangte unglaubliche Mengen an Alkohol, genau genommen: eine gute Flasche Wein und eine Flasche Sekt oder Perlwein. Daher musste der Einkauf vorausschauend erfolgen, wenn die betreffenden Getränke »im Angebot« waren.

Die Wahl fiel meistens auf eine Flasche »Oppenheimer Krötenbrunnen Spätlese«. Das war zwar kein besonders hübscher Name, wie ich als Kindergourmet fand, aber die Erwachsenen zeigten ein freudiges Gesicht und kennerisches Nicken, wenn dieser Name fiel. Die Flasche kostete 2,98 Mark – musste bei dem Preis und dem Gütemerkmal »Spätlese« folglich gut sein. War der »Krötenbrunnen« versiegt, dann wurde gerne auf den ebenso teuren »Bechtheimer Pilgerpfad Spätlese« zurückgegriffen.

Die süßen Rheinhessenweine standen damals hoch im Kurs, denn die Moselweine galten als etwas »saurer«. Hin und wieder wurde ein »Piesporter Goldtröpfchen« geopfert, oder auch der unvermeidliche »Kröver Nacktarsch«, um eine Bowle mit einem Schuss Säure zu versehen. Als schäumende Getränkebeigabe standen in jener Zeit zwei Alternativen zur Wahl. Während »Kupferberg Gold« den Reicheren vorbehalten blieb, war bei kleinen Leuten »MM« angesagt, falls die Bowlenvariante luxuriös sein sollte. Aber in der Regel half die Perlweinallzweckwaffe der ausgehenden 60er Jahre: eine Flasche Kellergeister. Die war für 1,98 Mark zu haben, weshalb es wenig Schmerzen bereitete, sie in Gänze dem Bowlengefäß zuzuführen.

Im Sommer gab es Erdbeerbowle, im Herbst und Winter vor allem Ananasbowle. Büchse auf, Inhalt samt Saft hinein in die Wein-Perlwein-Mischung, einmal kräftig umrühren, fertig war das Gebräu. Allerdings waren die Erwachsenen bei der Zubereitung immer sehr penibel, trotz der wenigen Zutaten. Sie schmeckten die Bowle stets ausgiebig ab und probierten häufiger als nötig. Man wollte den Gästen ja nichts Schlechtes vorsetzen.

Für mich war die Bowle selbstverständlich eine No-go-Area. Keine Chance. Vater hatte immer den Spruch parat: »Da ist Alkohol drin. Der macht Kinder dumm.« Sofort war mir klar, dass es für mich wieder »nur« Limo geben würde.

Wenn ich das mit dem »dumm werden« nicht glauben wollte, nannte mir Vater die Namen einiger einschlägig bekannter Sonderschulkinder aus dem Ort. Die hätten wahrscheinlich auch Bowle getrunken und wären darüber dumm geworden, fügte er hinzu. So funktionierte damals nachhaltige Erziehung.

Bei meiner Patentante, deren Geldbeutel als Krieger-witwe mit schmaler Rente selten prall gefüllt war, gab es die sparsamste Bowle: Kalte Ente. Eine Flasche Liebfrau-milch, eine Flasche Kellergeister, eine Zitrone in Scheiben geschnitten, und zur Krönung warf Tante noch circa zehn Stück Würfelzucker in das bauchige Gefäß. Fertig war die Vier-Mark-Bowle.

Eines Tages geschah dann doch das Wunder. Ich wurde erhört. Ich weiß gar nicht mehr, ob es Erdbeer- oder Ana-nasbowle war. Mutter drückte mir eines der hübschen gläsernen Spießchen in die Hand – das mit dem Schorn-steinfeger – und ich durfte mir mit Genehmigung ein Stück Obst aus der Bowle fischen. Flüssige Beilage gab es nicht.

Gespannt verzehrte ich das geangelte Obst. Es schmeckte eigentlich wie immer, war aber nicht ganz so süß wie sonst und hatte einen komischen Beigeschmack. Beim Runter-schlucken verspürte ich im Mund-Rachen-Raum eine leichte Wärme.

Ich war, ob des bescheidenen Geschmackserlebnisses, enttäuscht. Einmal mehr kam mir der Gedanke, dass Er-wachsene manchmal ganz schön komisch sein können. Sie tranken dieses angeblich so tolle Getränk offensicht-lich gerne und aßen das Obst mit Freuden. Bei ihnen war überhaupt keine Enttäuschung zu erkennen. Im Gegenteil, alle wirkten auffallend fröhlich. Schon super, so eine Bowle.

Die Speise der Götter

Hauptgerichte am elterlichen Mittagstisch konnten für mich als Kindergourmet ganz schön ernüchternd sein. Vor allem, wenn sie die geschmacklichen Vorlieben meines Vaters bedienten. Während ich mich mit Schweinekotelett, Lauchgemüse und Salzkartoffeln abquälte, winkte immerhin ein kleiner Lichtblick: Das Dessert, das früher noch schlicht »Nachtisch« hieß. Oft genug öffnete Mutter dazu ein Einmachglas, verteilte den Inhalt auf Dessertschüsselchen – und fertig.

Süß- und Sauerkirschen akzeptierte ich einspruchslos, wobei ich mir die Frage stellte: Warum sind Sauerkirschen immer entsteint, die weitaus mehr geschätzten Süßkirschen aber nicht? Die Birnen aus unserem Garten erkannte ich als Delikatesse. Die mochte ich, vor allem wenn in meiner Dessertschüssel ein Stück Zimtstange landete. Auch die Pfirsiche aus eigenem Anbau waren nicht zu verachten. Von meiner Patentante erhielten wir immer Pflaumen, die als Einmachobst vorzüglich schmeckten. Für das Apfelmus galt selbiges. Also war die Obstzufuhr in der kalten Jahreszeit durchaus akzeptabel und auch für den Kindergourmet essbar.

Doch das ganze Obst hatte keine Chance, wenn es »Pudding« gab. Natürlich nicht diese Art von Pudding, den beispielsweise die Engländer kennen. »Pudding« ist inzwischen im deutschen Sprachraum ein Synonym für stärkegebundene Milchcreme in den Geschmacksrichtungen Vanille und Schokolade, hin und wieder auch Karamell und Mokka. Alle vier rangierten in meiner Hitliste vor dem Obst. In den Ferien stand ich gerne in der Küche, wenn Mutter morgens die Creme anrührte. Sie füllte die fertige Süßspeise in eine Glasschüssel und mir kam die ehrenvolle Aufgabe zu, den Topf »auszulecken«. Sagen wir so, er ging dank meiner fachmännischen Bemühungen mit extrem wenigen Cremeresten ins Spülbecken. Da konnte ich penibel sein. Sehr penibel sogar.

Als Kind mochte ich den »Makrönchenpudding« gerne. Das war ein Grießpudding mit Vanille-Mandel-Geschmack aus der Packung. Beigelegt war ein Tütchen mit zwölf kleinen, feinen Makronen, die zum Garnieren der kalten, fest gewordenen Creme dienen sollten. Auf dem Packungsfoto sah das besonders lecker aus. Weil die Realität jedoch davon abwich, stand wie so oft das mysteriöse Wort »Serviervorschlag« unter dem Bild.

Wirklich geliebt habe ich eine Zitronencreme namens »Majala«. Die hätte ich kiloweise essen können. Das Dessert wurde mit Ei angerührt und durfte danach nicht mehr kochen – logischerweise, sonst wäre das Ei geronnen. Als es in den 80ern einen Salmonellenskandal in Verbindung mit Eiern gab, verschwanden viele angeblich »gefährliche« Produkte vom Markt, leider auch Majala. Ich habe getrauert und bedauert. Der typische Majala-Geschmack findet sich bis heute in keinem anderen Zitronendessert.

Ein weiterer Hit war ein giftgrünes Dessert mit Waldmeistergeschmack. Mutter sagte dazu »Wackelpeter« und auf der Packung stand »Götterspeise«. Die Abbildung zeigte eine tiefgrüne Masse mit jeder Menge Sahnetuffs darauf. Ich hatte den Hinweis »Serviervorschlag« wohl übersehen und war immer enttäuscht, dass die »Götterspeise« bei uns ohne Sahne auf den Tisch kam.

Ein anderer kulinarischer Höhepunkt war eine von Mutter selbst angerührte Quarkspeise. Sie bestand aus geschlagener Sahne, Zucker, frischem Zitronensaft und natürlich Quark. Auch bei diesem Dessert konnte ich mich bisweilen völlig vergessen.

In den späten 60ern kamen die ersten Fruchtjoghurts auf den Markt. Mutter begrüßte diese Alternative, weil sie ihr viel Arbeit ersparte. Nur Vater war skeptisch. »Was ist das?«, fragte er mit Blick auf das servierte Dessert. »Fruchtjoghurt«, erklärte Mutter. Tiefe Skepsis zeichnete Vaters Gesicht. »Fruchtjoghurt?«, wiederholte er nach dem ersten Löffel. »Welche Frucht soll das denn sein?« Mutter schaute auf dem Deckel des Bechers nach: »Aprikose!« Mein Vater stutzte kurz, nahm noch einen Löffel, ließ ihn lange im Mund, um dann sein Urteil zu fällen: »Mit dem Joghurt sind die höchstens mal an einer Aprikose vorbeigegangen.«

In den 70ern standen die ersten kaltgerührten Milchcremes im Einkaufsregal. Die waren ganz nach Mutters Geschmack, was nicht nur kulinarische Gründe hatte. So war es eben damals: Die Frauen vertrauten Männern mit Doktortiteln. Und wenn sie nur »Dr. Oetker« hießen …

Mir hat das allermeiste geschmeckt, was als Nachspeise auf den Tisch kam. Außerdem haben Desserts die hervorragende Eigenschaft, das Sättigungsgefühl des Essers überlisten zu können. Für ein leckeres Dessert macht jeder Magen bereitwillig noch etwas Platz. Damals wie heute.

Süßer die Glocken ...

»Süßer die Glocken nie klingen ...« So schallt es allenthalben durch die vorweihnachtliche Konsumwelt. Aber zweifellos ist Weihnachten auch ein großes Fest für den Geschmackssinn. Das war schon immer so, selbst in Notzeiten, als man sich jeden Groschen vom Munde absparte, um an Weihnachten etwas Besonderes bieten zu können.

In den 60er Jahren galt die Adventszeit noch als stille Zeit, denn sie diente der angemessenen Vorbereitung auf das bevorstehende Fest. Aus Sicht der Theologie gab es sicherlich andere Interpretationen, aber für die ordentliche deutsche Hausfrau war der Advent eine Zeit des Vorbereitens. Das fing natürlich mit dem Weihnachtsgebäck an.

Jeder trägt noch den Geschmack der Weihnachtsplätzchen seiner Kindheit mit sich herum. In meinem Fall muss ich noch zwischen Mutters und Omas Plätzchen unterscheiden, wobei die Unterschiede eher marginal waren. Denn beide verstanden sich auf Mürbegebäck respektive Spritzgebäck.

Mutter drehte den Teig immer durch den Fleischwolf mit Plätzchenaufsatz. Ich durfte die aus der Öffnung quillenden Schlangen vorsichtig auffangen und auf das gut gefettete Backblech legen. Übrig gebliebene Teigreste zu vernichten, war ebenfalls eine ehrenvolle und schöne Aufgabe, die ich zuverlässig erledigte. Spritzgebäck gab es in zwei Varianten: einmal als Butterplätzchen, einmal als Nussplätzchen, bei denen gemahlene Haselnüsse einen Teil des Mehls ersetzten.

Sehr lecker waren auch die Mandelplätzchen, die aber nicht »durchgedreht wurden«, wie Mutter immer sagte. Stattdessen rollte sie den Mandelmürbeteig sauber aus und kramte dann die Plastik-Ausstechformen aus der Schublade des Küchenschranks. Rosa war das Herz, gelb der Mond, hellblau der Stern. Lagen die ausgestochenen Plätzchen auf dem Blech, wurden sie mit Ei bepinselt und eine halbe Mandel wurde in die Mitte gedrückt.

Irgendwann kam Mutter auf die Idee, einen Teil des Spritzgebäcks mit Schokoladenüberzug zu veredeln. Ich horchte auf: Schokolade! Und schon stand sie auf dem Küchentisch. »Das ist nicht für dich«, kam die deutliche Ansage aus Mutters Mund, »das ist Kuvertüre.« Schade, es sah aus wie Schokolade. Und später, als die Plätzchen fertig waren, schmeckte es auch nach Schokolade. Kuvertüre, phhh … Da hatten sich die Erwachsenen wieder etwas ausgedacht!

Bei einigen Klassenkameraden hatte die Weihnachtsbäckerei einen geringeren Stellenwert. War ich dort zu Gast, beschränkte sich das Plätzchenangebot meist auf den unvermeidlichen Spekulatius und die Aachener Printen. Je nach Güteklasse dieser Gebäckstücke galt es für den Kindergourmet manch harte Probe zu bestehen, was durchaus wörtlich zu verstehen ist. Denn das Begriffspaar »hart« und »Printen« folgt einer gewissen Logik.

Wenn der Heiligabend da war, gab es für den Kindergourmet eine entscheidende Frage, neben der nach den Geschenken: Was wird auf dem »Teller« sein? Gemeint war jener bunte, mit weihnachtlichen Motiven versehene Pappteller, der randvoll mit Leckereien gefüllt war. Ich erhielt immer zwei – einen von meiner Patentante und einen zu Hause. Die reichten meist bis weit in den Januar hinein.

Bei der Patentante enthielt der Teller viele Plätzchen und Nüsse, außerdem eine Mandarine und einen Schokoladenweihnachtsmann. Die kamen damals durchweg in der Farbkombination Rot, Weiß und Gold daher. Von Lila keine Spur. Sehr gerne sah ich die bunten Stanniolformen des Eiskonfekts, ebenso die in buntes Stanniol gehüllten Schokoladenglocken und -flaschen. Letztere waren mit allerlei leckeren, sehr süßen und dicklichen Flüssigkeiten gefüllt.

Einmal fand ich, gerade zehn Jahre alt, sogar ein Schokoladenfläschchen mit der winzigen Aufschrift »Eierlikör« auf dem Teller. Ein Versehen? Nun, ich sagte nichts und genoss mein kleines geheimes Weihnachtsbesäufnis, wobei ich mir heute nicht sicher bin, ob das überhaupt Eierlikör war. Jedenfalls hätte es drei oder vier solcher Fläschchen bedurft, um mit dem flüssigen Inhalt einen Teelöffel zu füllen.

Auf dem Weihnachtsteller, den meine Eltern mir schenkten, fanden sich viele Nüsse. Die leckeren Haselnüsse waren stets zu klein für unseren Nussknacker; die Walnüsse hingegen aß ich immer zuerst auf, weil sie sich leicht knacken ließen und viel Inhalt boten; die Paranüsse waren meine Favoriten, aber höllisch schwer zu knacken; auch die extrem harte Schale der Mandeln wehrte sich mit aller Kraft, den köstlichen Inhalt preiszugeben.

Den Teller füllten noch weitere Leckereien, die es sonst nie gab: Eiskonfekt, Schokoladenflaschen und -glocken, aber auch sternförmige Schokokringel, die mit bunten Zuckerperlen in den Farben Weiß, Rot und Grün bestreut waren. Der Schokoladenweihnachtsmann war natürlich Mittelpunkt des Tellers. Für ihn galt das ungeschriebene Gesetz: Den lässt man sich »für zuletzt«, wenn alles andere vertilgt war. Gott sei Dank hatte Mutter an meine liebste Weihnachtsleckerei gedacht: das Marzipanbrot. Gleich mehrfach und in verschiedenen Größen glänzte es golden zwischen den Nüssen hindurch. Wunderbar! Auch wenn das »Christkind« als Spender des Tellers benannt wurde, wusste ich genau, wer dahintersteckte. Mutter war eben die Beste.

Der Heiligabend war kein ruhiger Tag. Während ich die »Kinderstunde« im Fernsehen anschaute, das ausnahmsweise schon am frühen Nachmittag sendete, baute Vater den Baum auf. Mutter bereitete in der Küche den obligatorischen Kartoffelsalat zu und kochte die »gesetzlich« vorgeschriebenen Eier. Diese dienten geviertelt als Garnierung für den Salat, ebenso wie Tomatenviertel und Petersiliensträußchen. Außerdem briet sie schon mal den Weihnachtsbraten an, dann hatte sie am ersten Weihnachtstag nicht ganz so viel Arbeit. Später kochte sie noch den Vanillepudding für das Dessert.

Es gab »Diplomatencreme«. Das Rezept hatte Mutter von einer Köchin erhalten. Zunächst legte sie die große Puddingschüssel mit Löffelbiskuits aus und beträufelte eine Hälfte mit Rum. Davon würde ich nicht essen dürfen. Dann goss sie den Vanillepudding darüber. Am nächsten Morgen belegte sie die feine Speise mit vielen Mandarinen aus der Dose, überzog sie mit Schlagsahne und streute Raspelschokolade darüber. Ein wahrhaft göttlicher Genuss. Mutter hat es tatsächlich geschafft, dieses Dessert über fünfzig Jahre hinweg an jedem Weihnachten anzubieten. Eine Standhaftigkeit, für die ich bis heute dankbar bin.

Am Heiligabend kochte sie auch ihre obligatorische Rindfleischsuppe. Diese leitete in jener Zeit jedes festliche Familienmenü ein. Ich mochte Rindfleischsuppe, denn Mutter war eine Meisterin der Suppeneinlagen. Für mich als Kindergourmet blieb es also spannend: Was würde es in diesem Jahr geben – Grießklößchen, Markklößchen oder doch Eierstich? Mutter beherrschte alles. Letzteres hört sich zwar so an, als wäre ein Ei kaputt gegangen, doch in Wirklichkeit ist es eine ausgesprochen leckere Suppeneinlage.

Als ich mich in der Phase des Lesenlernens befand, verwendete Mutter sogar mal Buchstabennudeln. Das erwies sich als nicht zielführend, weil ich mich, statt die Rindfleischsuppe zu genießen, rudimentär schriftstellerisch betätigte, indem ich die Buchstaben mit dem Löffel zu sortieren versuchte.

Wenn alle Küchenarbeiten am Heiligabend beendet waren und ein sichtlich genervter Vater den aufgestellten und geschmückten Baum präsentierte, folgte ein erster Höhepunkt: der Stollenanschnitt. Mutter ließ es sich nicht nehmen, jedes Jahr aus Mehl, viel Butter, Mandeln, Zitronat, Orangeat und Rosinen einen wunderbaren Stollen Dresdener Art zu backen. Der hatte schon einige Wochen im Keller geruht (»Wehe, du gehst da ran. Den gibt's erst Weihnachten!«) und wurde traditionell am Heiligabend angeschnitten.

Später servierte Mutter dann den gerühmten Kartoffelsalat mit Würstchen. Für mich war die Welt in Ordnung, denn anschließend begann die Bescherung. Manchmal, wenn Vaters Nervenkostüm kürzer war als die gesamte Heiligabend-Prozedur, gab es schon am Abendbrottisch die erste Bescherung, unter dem Motto: »Da haben wir den Salat.« Das bezog sich aber nicht auf den hervorragenden Kartoffelsalat, auch nicht auf die knackigen und ebenso leckeren Würstchen. Irgendeine Kleinigkeit verwandelte sich völlig unerwartet in einen Zündfunken und der Weihnachtsfrieden rückte in weite Ferne.

Mir als Kindergourmet gefiel das zwar nicht, aber solange es den »Teller« gab und reichlich Geschenke, sollte mir Vaters schlechte Laune egal sein. Meist beruhigte sich die Szenerie wieder, wenn Vater und Mutter sich an einer zuckersüßen Rheinhessen-Spätlese labten. Am Weihnachtsbaum flackerten damals noch echte Kerzen, das Lametta glänzte und ich durfte über den Abend verteilt vier bis fünf Wunderkerzen zünden.

Natürlich musste ich alle Geschenke sofort erproben und testen. Zwischendurch ein Ausflug zum Weihnachtsteller und weiter ging's. Wenn ich es mit dem Naschen »übertrieb«, sagte Mutter vorwurfsvoll: »Du hast doch eben erst gegessen?!« Jaja, ein Würstchen und eine veritable Portion Kartoffelsalat. Das war aber schon eine Stunde her.

Am zweiten Weihnachtstag besuchten wir Oma und Opa, was ich dazu nutzen konnte, Omas außerordentliche Backkünste zu genießen. Einmal vernichteten meine zwei Cousinen und ich in einem Anfall kindlichen Übermuts den gesamten essbaren Weihnachtsschmuck: Glocken, kleine Weihnachtsmänner und Halbmonde aus Schokolade, die, in buntes Stanniol verpackt, mit einem Goldfaden am Tannenzweig befestigt waren. Der Argumentation meiner

Cousinen und auch meiner Darlegung wollte keiner der Erwachsenen folgen.

Im nächsten Jahr war der großelterliche Weihnachtsbaum wieder mit Essbarem geschmückt. Eltern wie Großeltern hatten den Vorfall vom Vorjahr nicht vergessen und sprachen stehenden Fußes Warnungen aus. Einmal mehr benahmen sich die Erwachsenen komisch – hängten Essbares an den Weihnachtsbaum und am letzten Weihnachtstag durfte man es noch nicht mal essen …

Weihnachten, das erledigten wir Kinder routiniert und souverän. Alles, was lecker war, wurde zügig und rückstandslos aufgegessen. Am Neujahrstag fanden sich im Leckerteller noch ein paar Haselnüsse, die fast nicht zu knackenden Mandeln, derer sich Vater dann annahm, die Mandarine und der Weihnachtsmann. Der war vom Weihnachtsfest des nun vergangenen Jahres. Grund genug, ihn zu köpfen. Welch eine Weihnachtsbotschaft.

Es wird nichts weggeschmissen!

Mehr als ein halbes Jahrhundert liegt zwischen dem Erzählten und unserem heutigen Alltag. Die Floskel »Früher war alles besser!« verwende ich nicht. Ich halte es mehr mit dem Kabarettisten Jochen Malmsheimer, der sinngemäß einmal gesagt hat, dass früher nicht alles besser gewesen sei, aber ... Und sein »Aber« ist ein ganz starkes Argument: »Vieles, was früher gut war, wäre auch heute noch gut, wenn man es gelassen hätte.« Bezeichnenderweise äußerte er diese Feststellung im Zusammenhang mit einer kulinarischen und zeitgeistigen Betrachtung des Wurstbrotes.

Stellt sich also die berechtigte Frage, was denn heute nicht mehr so gut ist, weil man es nicht gelassen hat. Das mag jeder für sich entscheiden. Vielleicht haben die vorangegangenen Kapitel entsprechende Erinnerungen freigelegt. Unser Ess- und Konsumverhalten hat sich in den vergangenen Jahrzehnten gewandelt. Verändert hat sich vor allem die Erzeugung vieler Lebensmittel, besonders in der Landwirtschaft. Das ist vor allem eine politische Frage, die ich hier nicht vertiefen möchte, weil dieses Buch ein vergnügliches bleiben soll.

Und doch fallen mir einige Sachen ein, die früher gut waren. Nehmen wir die Milchproduktion als Beispiel. Die

Milchbauern waren vor Ort, die Molkerei war vor Ort, der Milchmann ebenso. Das heißt: Milch und Milchprodukte hatten früher, bevor sie beim Kunden landeten, sehr kurze Transportwege hinter sich. Und vielleicht war man der Kuh, deren Milch man zu Hause genossen hatte, schon persönlich bei einem Spaziergang über die Wiesen und Weiden begegnet? Wer weiß. Heute ist das im höchsten Maße unwahrscheinlich.

Wir karren dänische, deutsche, irische, niederländische, französische, neuseeländische und sonstige Butter kreuz und quer durch Europa. Warum? Weil der Deutsche die irische und die holländische für besonders gut hält, obwohl er in jeder Blindverkostung kein einziges Butterherkunftsland erschmecken könnte. Am Niederrhein, der meine Heimat ist, sehe ich immer wieder Milchtanker mit der Aufschrift »Eifelmilch«, die die verbliebenen Milchhöfe ansteuern.

Jeder Milch-, Sahne- und Butterkonsument sollte mal auf die Verpackung schauen und dann vorsichtig überschlagen, welche Strecke jedes einzelne Produkt hinter sich hat. Die Milch der 60er Jahre hatte vielleicht 10, wenn es hochkam 15 Kilometer Strecke auf dem Buckel. Liegt hier nicht ein Ansatzpunkt für lokales, regionales und nachhaltiges Handeln?

Blicken wir in meinen Heimatort. Dort gab es in den 60ern fünf Bäcker und drei Metzger. Echte Bäcker, die noch selber Teig kneteten, echte Metzger, die noch selber schlachteten. Das Wort »Filiale« war unbekannt. Mutter ging mehrmals wöchentlich einkaufen, frisch und in kleinen Mengen. Große Vorratshaltung gab es nur bei den Produkten aus dem eigenen Garten. Und es galt ein Paragraph des Grundgesetzes der sparsamen Hausfrau: »Es wird nichts weggeschmissen.«

Natürlich haben wir Kinder der 60er und 70er unter dem Satz »Der Teller wird leer gegessen!« gelitten. Mehr als einmal. Aber murrend hielten wir uns gewöhnlich daran. Blieb vom Mittagsmahl etwas übrig, tauchte es abends oder spätestens am nächsten Tag wieder auf. Auch der Metzger verkaufte Fleischstücke und Innereien, die man heute vergeblich sucht. Es wurde eben alles genutzt. Inzwischen gibt es vereinzelt Köche und Metzger, die als Trendsetter gelten, weil sie Lebensmittel abfallfrei verwerten. Sie erhalten große mediale Aufmerksamkeit für ein Handeln, das vor fünfzig Jahren üblich und selbstverständlich war.

Bis heute bin ich ein Verfechter der saisonalen Küche. Wer in einem Haushalt mit eigenem Nutzgarten aufgewachsen ist, hat das gelernt: Erdbeeren gibt es im Juni, Grünkohl im Dezember. Und genau in diesen Monaten schmeckt das Produkt auch am besten. Daran hat sich eigentlich nichts geändert. So wie man im Sommer niemals auf die Idee käme, Grünkohl mit Wurst oder Rouladen und Rotkohl zu kochen, so unsinnig ist es, an Weihnachten frischen Spargel und Erdbeeren zu servieren.

Natürlich hat sich der allgemeine Geschmack verändert. Ich denke an meine Kinderkommunion, als es am Abendbrottisch unter anderem gefüllte Oliven gab. Das sei etwas Besonderes, wurde Mutter vor dem Fest gesagt. Also erstand sie die grünen Oliven, die damals mit einer undefinierbaren Paprikapaste gefüllt waren. Diese hatten kaum jemandem geschmeckt. Als einige Jahrzehnte später die ersten türkischen Lebensmittelhändler eröffneten, da entdeckte nicht nur Mutter den Wohlgeschmack von fein eingelegten Oliven.

Mediterrane Einflüsse, asiatische Nuancen, die amerikanische BBQ-Kultur, alles sorgt für geschmackliche Vielfalt. Andererseits denke ich an mein erstes Döner Kebab, das ich Mitte der 70er in London gegessen habe. Das war unglaublich lecker. Und es enthielt noch echtes Fleisch – Lamm oder Rind, was weiß ich. Es war toll gewürzt und mit vielen Beilagen in ein Fladenbrot gewickelt, das seinen Namen wirklich verdiente. In Anbetracht dessen bedaure ich den Niedergang der heutigen Dönerkultur: Sie entspricht kulinarisch in etwa dem, was früher der Wühltisch im Eingangsbereich eines Warenhauses war.

Es gefällt mir auch nicht, dass ich heute in vielen Wäldern weder Heidelbeeren noch Pilze finde. Weg, verschwunden. 2010 war ich nochmals an der Kiefernschonung, in der meine Cousine und ich 1971 Pfifferlinge gesucht und reichlich gefunden hatten. Heute ist es ein veritabler Kiefernwald. »Ach, da brauchst du gar nicht mehr hinzugehen«, sagte mein Onkel, »da wachsen längst keine Pilze mehr!« Auf das »Warum« kam ein Schulterzucken. Die Wälder haben sich verändert. Und wir Kinder der 60er und 70er haben die Veränderungen hautnah erlebt.

Manchmal stellt sich Wehmut ein. Als ich letztens Lust auf ein Eis vom Italiener hatte, reihte ich mich spontan in die Warteschlange ein. Ich habe mir drei Kugeln gegönnt. 3,60 Euro verlangte der freundliche Südländer hinter der Eistheke von mir. 3,60 Euro! In die damalige Zeit übersetzt: 7 Mark. Mein Vater hätte mich für verrückt erklärt. Vor fünfzig Jahren hätte es 30 Pfennige gekostet. Der Preis hat sich gut verzwanzigfacht. Etwas, was man sich für sein Gehalt auch mal wünschen würde …

Manchmal ist es ganz gut, sich zu erinnern, gerade an die kleinen Dinge, von denen sich so trefflich auf das Große und Ganze schließen lässt. Wenn die Erinnerungen an die Genüsse vor fünfzig, sechzig Jahren dabei helfen, auch über unser heutiges Ess- und Konsumverhalten nachzudenken, kommen wir vielleicht einen Schritt weiter. Sicher erkennen wir einige Dinge, die damals gut waren und es heute noch wären, wenn man sie gelassen hätte.

Erinnerungen sind wichtig. Vielleicht hat dieses Buch es geschafft, viele verschüttete kleine Geschmackserinnerungen wachzuküssen. Sie zeugen von einer Zeit, die nun schon ein halbes Jahrhundert zurückliegt. Wir sollten diese Erinnerungen behalten und sie mit Maß und Verstand nutzen, genau wie unsere Lebensmittel. Für beide sollte prinzipiell gelten: »Es wird nichts weggeschmissen.«